此心安处是吾乡

季羡林归国日记 1946—1947

季羡林 著

重庆出版集团
重庆出版社

目录

1946年5月1日 — 1946年5月13日　香　港————— 1

1946年5月19日 — 1946年6月2日　上　海————— 9

1946年6月3日 — 1946年8月29日　南　京————— 21

1946年8月30日 — 1946年9月20日　上　海————— 67

1946年9月21日 — 1947年7月15日　北　平————— 79

1947年7月16日 — 1947年9月1日　济　南————— 241

1947年9月2日 — 1947年10月5日　北　平————— 261

编者的话

1945年深秋,因二战炮火阻隔羁旅德国十年之久的季羡林,终于有机会离开收获学术也历经轰炸炼狱与饥饿折磨的哥廷根,"怀着'客树回望成故乡'的心情,一步三回首地到了瑞士"。1946年春天,季羡林经过法国和越南西贡到香港,从香港坐船到上海,再从上海到南京。在南京接到北大的聘书,但因学校放假且战乱交通中断,季羡林只得在南京度过漫长的暑假,之后又折回上海坐船到秦皇岛,再经唐山、天津终到北京。离开故国十一年,到了北京已是"落叶满长安"的深秋时节。

经清华读书时的教授陈寅恪先生的引荐,1946年35岁的季羡林入北大文学院东方语言文学系执教任副教授,随即转为正教授兼系主任,主持东语系工作。

多年海外漂泊和历经几个月的各地辗转之后,季羡林终于有了安身立命之所。在北大东语系的轨迹基本是：每天六点起床，到图书馆研究室看书、写作，到系办公室去看看，出去吃饭，再回去看书，有时到街上逛逛旧书摊，再回来看书、写作……开始了一个学者的平静生活。1947年7月，暑假的季羡林终于有机会回到济南家乡跟叔父妻儿团聚并探访亲朋好友；9月初，暑假结束，季羡林又返回北京，继续大学教授的书斋生活。

本书内容包括的就是这一段时期季羡林先生的日记，我们按先生辗转各地的时间和旅程，将全书内容分为：香港、上海、南京、北平、济南等。蒙季承先生（本书中的"延宗"）信任，授权我们使用先生珍贵的手稿；又在本书出清样之后，帮助我们审读校勘。同样需要致以诚挚谢意的还有季羡林国际文化研究院院长、中国散文家协会会长卞毓方先生，卞先生抽出宝贵的时间帮我们审读文稿并作序。二位先生所付出的心血，使本书内容最大程度上做到了准确和严谨。

季羡林先生为人朴厚、学问精深，说过很多既世故又天真的名言妙语，比如"不完满才是人生"、"时间面前，人人平等"，比如"要说真话，不讲假话。真话不全说，假话全不说"。先生生前有坚持写日记的习惯，日记即是先生内心的真实显露。本书的一大特点就是"真"。比如日记1946年9月29日写道：

……去看梁实秋先生，走进大门，一看门上糊了白纸，心里一惊，一打听，原来他父亲死了，我于是也没有进去。就到市场去，看了几个旧书摊，买了几本书，到润明楼吃过午饭，就步行回来……

日记1946年11月23日写道：

六点出来到市场润明楼吃晚饭，到东来顺去，任继愈请客，我不高兴吃，所以先吃了。看他们吃完，一同回来。

一个内心坦率、天真的青年学者形象跃然纸上。"习惯决定性格，性格决定命运。"日记中随处可见先生勤学苦读、生活简朴、待人真诚的事例。比如1947年印度汉学家师觉月（Bagchi）来华到北大做访问学者期间，时任校长胡适将照管这位印度学者的事宜全权委托给季羡林，这一段时期日记经常可见作者帮Bagchi借书、印讲义、陪同演讲、游故宫北海天坛等照管Bagchi日常工作生活的记载。例如日记1947年3月29日写道：

九点到翠花胡同去找Bagchi。同他一同到故宫博物院去……我们一直逛到十二点……到润明楼，我请他吃午饭，结果每个人吃了两份……

先生爱书，可惜时值内战、物价飞涨，教授的每月工资也捉襟见肘，往往是遇到想买的书又买不起，又或者宁可饿着肚子也要多买几本书。比如1946年6月30日写道：

到旧书店里去逛，琳琅满目，只是自己没有钱，我买了一部《天竺字源》，用钱七千元。

1947年10月3日写道：

这是一条有名的旧书店街，我以前还没有来过，我因为钱已经不多了，不想再买书。但一看到书就非买不行，结果又买了两万元的书……四点到图书馆去看报，忽然看到《益世报》上登了一篇访问我的记录，我于是就到市场去买了份《益世报》，不由不到书摊上去看了趟，结果又买了一本。决意十天不上馆子，只啃干烧饼。

书中详细记录的这些日常生活，不仅有利于我们了解一代大师的学术追求、日常交往、为人处世与内心世界，而且可以了解到抗战结束后到解放前这一段历史时期的社会风貌。因此这本日记不仅是研究季羡林先生的宝贵资料，更是珍贵的社会生活史素材。

由于日记写作时间是1946—1947年，我们将手稿中的繁体字全部转化为简体字；另外一些标点符号和汉字的使用与当前所要求的规范有所不同，为了方便读者阅读，在编辑过程中酌情给予了修改：例如增加了书名号，英文句点"."酌情改为逗号和句号；对于日记手稿中的错别字以"[ ]"进行修改，漏字以"< >"进行添加。然而先生读书甚广、钻研甚深，因时间和编辑能力所限，仍有可能出现纰漏，如有发现还请读者加以指正，以便我们重印时得以修改。

"此心安处是吾乡"是苏轼《定风波·常羡人间琢玉郎》中的一句，原为抒发作者政治逆境中随遇而安、无往不快的旷达襟怀。作为本书书名，这里反其意而用之，表达作者历经十年海外漂泊、终于回到祖国；又经过香港、上海、南京等城市近半年的辗转，终于有了安身立命之所，真正心安的地方是祖国故乡的感受。

"醲肥辛甘非真味，真味只是淡；神奇卓异非至人，至人只是常。"相信读者将会通过本书的阅读，领略到季羡林先生的勤奋、真挚和纯粹，在淡然中获得启迪和感动。

编者
2014年11月

代序

卞毓方

承重庆出版社寄来《此心安处是吾乡：季羡林归国日记1946—1947》书稿，让我作序。翻阅几遍，惶惑之下，不知从何着手。

忽然想起一则疑团。

据《季羡林自传》，1946年，季羡林从欧洲返回祖国，因陈寅恪推荐，进了北大。他写到：

> 按北大当时的规定，国外归来的留学生，不管拿到什么学位，最高只能定为副教授。清华大学没有副教授这个职称，与之相当的是专任讲师。至少要等上几年，看你的

教书成绩和学术水平，如够格，即升为正教授。我能进入北大，已感莫大光荣，焉敢再巴蛇吞象有什么非分之想！第二天，我以副教授的身份晋谒汤用彤先生。汤先生是佛学大师，他的那一部巨著《汉魏两晋南北朝佛教史》，集义理、词章、考据于一体，蜚声宇内，至今仍是此道楷模，无能望其项背者。他的大名我仰之久矣。在我的想象中，他应该是一位面容清癯、身躯瘦长的老者；然而实际上却恰恰相反。他身着灰布长衫，圆口布鞋，面目祥和，严而不威，给我留下了十分深刻的印象。暗想在他领导下工作是一种幸福。过了至多一个星期，他告诉我，学校决定任我为正教授，兼文学院东方语言文学系的系主任。这实在是大大地出我意料。要说不高兴，那是过分矫情；要说自己感到真正够格，那也很难说。我感愧有加，觉得对我是一种鼓励。不管怎样，副教授时期之短，总可以算是一个记录吧。

同一场面，季羡林在《回忆汤用彤先生》一文中说：

第二天，少曾（阴法鲁号）陪我到设在北楼的文学院院长办公室去谒见锡予先生，他是文学院长。这是我景仰多年以后第一次见到先生。把眼前的锡予先生同我心中幻想的锡予先生一对比,当然是不相同的,然而我却更爱眼前的锡予先生。他面容端严慈祥,不苟言笑,却是即之也温,观之也诚,真蔼然仁者也。先生虽留美多年,学贯中西,可是身着灰布长衫,脚踏圆口布鞋,望之似老农老圃,没有半点"洋气",没有丝毫教授架子和大师威风。我心中不由自主地油然生幸福之感,浑身感到一阵温暖。晚上,先生设家宴为我接风,师母也是慈祥有加,更增加了我的幸福之感。当时一介和一玄都还年小,恐怕已经记不得那天的情景。我从这一天起就成了北大的副教授,开始了我下半生的新生活,心中陶陶然也。

我可绝没有想到,过了一个来星期,至多不过十天,锡予先生忽然告诉我:我已经被聘为北京大学正教授兼新成立的东方语言文学系主任,并且还兼任文科研究所的导师。

同一内容,还可举出第三个版本。季羡林在散文《我的心是一面镜子》中回忆:

当时正值第二次革命战争激烈进行,交通中断,我无法立即回济南老家探亲。我在上海和南京住了一个夏天。在南京曾叩见过陈寅恪先生,到中央研究院拜见过傅斯年先生。1946年深秋,从上海乘船到秦皇岛,转乘火车,来到了睽别了11年的北平。深秋寂冷,落叶满街,我心潮起伏,酸甜苦辣,说不出来是什么滋味。阴法鲁先生到车站去接我们,把我暂时安置在北大红楼。第二天,会见了文学院长汤用彤先生。汤先生告诉我,按北大以及其他大学规定,得学位回国的学人,最高只能给予副教授职称,在南京时傅斯年先生也告诉过我同样的话。能到北大来,我已经心满意足,焉敢妄求?但是过了没有多久,大概只有个把礼拜,汤先生告诉我,我已被定为正教授兼东方语言文学系主任,时年35岁。当副教授时间之短,我恐怕是创了新纪录。这完全超出了我的想望。

你看,一个星期后,季羡林由副教授转为正教授,这事如板上钉钉,确凿无疑。

然而,此番面对重庆出版社送来的打印稿,愕然发现,上述三种说法都与日记有出入。出入在何处?且让日记说话。

1946年1月23日,在瑞士:

> 写给汤用彤先生一封信,因为陈寅恪先生写信告诉我说北大想设东方语言系,让我把学历著作寄去。

1946年5月24日，在上海：

　　虎文回来，带了一大批信，居然有叔父他老人家的，我真是大喜过望。同时汤用彤先生通知，我已经被任为北京大学教授，可谓双喜。

1946年6月19日，在南京：

　　正在闲谈的时候，忽然接到北大寄来的临时聘书。

1946年6月25日：

　　早晨七点起来，洗过脸，吃过早点，就出去到中央研究院去见傅斯年。这位先生也半官僚化了，说话有点不着边际，谈了谈北大的情形。我觉得他们没有诚意聘我，他们当然高兴我去，不过没有我也行。

1946年9月16日，从上海乘海轮北上。
1946年9月21日，到北平，入住沙滩红楼。
1946年9月22日：

夜里虽然吃了安眠药，但仍没睡好。早晨很早就起来了，洗过脸，到外面澡堂里去洗了一个澡，回来，阴（法鲁）同孙（衍旸）在这里等我。我们一同出去到一个小饭馆里喝了碗豆浆，吃了几个烧饼，阴就领我去看汤锡予先生。我把我的论文拿给他看，谈了半天。临出门的时候，他告诉我，北大向例（其实清华也一样）新回国来的都一律是副教授，所以他以前就这样通知我，但现在他们却破一次例，直截请我作正教授，这可以说是喜出望外。

看明白了吧。留学生回国，先当副教授的规定，的确是有的。季羡林在南京接到的临时聘书，应该就是副教授的聘书。但是9月21日到了北平，第二天晋谒汤用彤，立刻就得知被破例聘为正教授。因此，若从6月19日接到临时聘书算起，到9月22日被告知聘为正教授为止，间隔是三个月零三天，若从9月21日到北平算起，到第二天被告知聘为正教授为止，则几乎没有间隔，所谓一个礼拜从副教授转为正教授的记录，纯粹是子虚乌有。

那么，季羡林为什么会有"一星期转正"之说呢？窃以为，22日，汤用彤院长虽然当面告诉他已被聘为正教授，但不是正式任命，所以在潜意识里，自己还是副教授。

然而——又是然而，既然已经当面告知，那么，关于正教授一事，就不存在"大大地出我意料"，或"绝没有想到"了。这两个词，只能限定在"东方语言文学系主任，和文科研究所的导师"。

写到这里，还得赘一笔。2008年11月18日，季羡林作口述史时讲到这一段，他说：

> 我去北大是陈寅恪介绍的，这个问题我提过，当时陈寅恪是清华的教授，为什么他不介绍我去清华，介绍我到北大，我到现在也不明白。不过当时啊，北大那个门槛很高。我们去见……当时胡适不在国内。汤用彤文学院长，兼管这个学校的，那时候北大六个学院，文理法，农工医，北大六个学院，汤用彤是文学院的院长。是不是院务委员会主席，我不知道。反正我们去见汤用彤，在路上走的时候，中间有傅斯年，傅斯年是北大的副校长，代理校长，胡适的校长。路上走，他主要介绍北大这个门槛怎么怎么难，讲到别的大学教授要进北大，要降一级，教授改成副教授。就是介绍这个门槛高。一路就讲这个。到了那个，那时候是在城里，在这个啊，不是红楼，那时候是在北大图书馆后面，一个北楼，北楼就是办公的地方。陪我去见汤用彤，一路上就讲这个北大门槛怎么高，那个意思就是给我一个副教授，就已经是天恩高厚了。反正我记得一路上，就讲这个玩意儿。见到汤用彤，还没有进入正常的谈

话阶段，他就先讲，我让你当一个礼拜的副教授，立刻给你改成正教授。当然出我意外啊，至于为什么，我不知道。不过当时我这个，你要说我没有资格，我1941年在德国哥廷根大学，拿到哲学博士学位。这是1946年了。

这里又凭空冒出个傅斯年，证之以前引三种说法，尤其是他当年、当天的日记，可见纯粹是记忆混乱，把南京的谈话搬到了北平。至于"见到汤用彤，还没有进入正常的谈话阶段，他就先讲，我让你当一个礼拜的副教授，立刻给你改成正教授"云云，也是"积非成是而无从知，先入为主而惑以终身"的了。

季先生曾教导我"做学问要在不疑处存疑"，我今现趸现卖，也算是对先生的一份作业报告。

可见日记毕竟是有史料价值的，不知读者诸君以为然否？

2014年11月21日

（本文作者卞毓方先生为季羡林国际文化研究院院长）

1946年5月1日—1946年5月13日

香　港

五月一日 这里的钟都不对,不知是什么时候起来的,吃过早点,同虎文[1]坐电车到六国饭店去,我坐了会就出来到电车站去,预备坐电车回来,但电车里面的人都拥挤得厉害,一辆辆车面前开过去,有的简直不停,有的虽然一停但自己也挤不上去,一直等到快一点才等到一辆。回到旅馆吃了点米饭,躺在木床上睡了会,起来更是无聊,同住的人都是市侩商人,没有一个顺眼的,连一个能谈几句话的人都找不到,只好一个人呆坐了。吃过晚饭,正躺在木床上要朦胧睡去,忽然窗外一阵亮,起来一看,原来是欢迎刘督放烟火,射探照灯,一会就完了,没有多大意思。

二日 早晨七点多起来,吃过早饭,同王小姐、萧先生坐电车到邮局去,想把替 Silgie 带来的包裹寄走,没想到手续还不简单,没有寄成。出来逛了逛大街,就回旅馆来,喝了点水泡米饭,躺下休息了会,起来没有事情作[做],觉得异常无聊。旅馆里来来往往全是人,自己一点也静不下,从窗子里看出去,还是码头,人声又是嘈杂,连封信都写不安静。吃过晚饭,同

---

1 虎文:张天麟(1907—1984),字虎文,山东济南人。作者的初中同学。1933—1936年在北京大学哲学系、德语系学习,后去德国留学;1937—1940年就读于德国图宾根大学并获语文学博士学位;1940—1945年间曾在国民政府驻德国、瑞士使馆工作。抗战胜利后回国。

王、萧出去逛大街，两旁全是店铺，而且都是货物山积，只是不知道那［哪］里会有人用这许多货物。九点回来，旅馆里又开始热闹起来了，一直叫到半夜，我才得到睡的机会。

三日 早上七点多起来，吃过早饭，同虎文、萧、王坐电车出去，我先到邮局包裹处想把包裹寄出去，今天又没成功。到外交特派员公署会到他们，见了见郭德华特派员，出来就坐电车回旅馆来。人病还没有全好，身上又是一点力量都没有，又不想吃东西，只是咳嗽，呼吸非常不方便，不知究竟是什么病。躺下睡了会，等到五点，吃过晚饭，他们出去散步，我一点力量同兴致都没有，呆在家里，其无聊更是难耐，我真希望赶快离开这环境，但目前只有忍耐。

四日 早晨七点多就起来了，九点半吃过早饭，同虎文到六国饭店去，半路上下了电车把包裹寄去，买了点东西，在六国饭店休息了会。一点吃了点面包，坐到三点，同虎文一同坐电车回旅馆来，病似乎还没有好，浑身只是一点力量也没有，什么东西也不想吃。今天勉强吃了点面包，胃里就有作呕的意思，自己在船上三天没吃东西，下船又病了几天，满以为现在可以补上，岂知更变本加厉，一点都不想吃。躺在木床上休息了会，吃过晚饭，他们还在高谈阔论，我就朦胧睡去。

五日　星期日　早晨六点多起来，洗过脸，呆坐到九点。吃过早饭，仍然是与无聊作伴，人比昨天更疲倦，连坐着的力量似乎都没有了，但躺在木床上，浑身散痛，而且来来往往全是人，一点也静不下，真不知应该怎样好。站在窗子前面看街上，也没有多少意思，拥拥挤挤全是码头工人，气味更是难闻，我一生还没有住过这样脏的地方。五点吃晚饭，吃完，照旧是无聊，坐了会，就把毡子铺在木床上睡起来。

六日　早晨七点起来，吃过早点，同虎文、西园[1]坐电车出去，先到救世军[2]同 Major Watson 谈了谈船的问题，又到邮局寄了两封信，就到太古去，结果是不但头二等没有票卖，连三等我们自己也买不到，出来我先同虎文回来，顺路到上面一条大街上去买了点吃的东西，回到旅馆吃了点东西，就躺在木椅上休息。脑筋就想到将来的计划，乱成一团，一点头绪都没有，内战已经又起来了，有家都回不去，还谈别的什么呢？三点西园煮了点东西我们吃，等到五点又吃了顿晚饭，

1　西园：牛西园，张天麟的太太。
2　救世军：成立于1865年，是一个以军队形式作为其架构和行政方针，并以基督教作为信仰基础的国际性宗教及慈善公益组织，以街头布道和慈善活动、社会服务著称，1916年传入中国。

吃完看了看报纸，十点就睡。

七日 早晨七点起来，吃过早点，呆坐了半天，以前在没有事的时候，还可以让幻想出去飞飞，但在现在这样的环境里，臭气充鼻，人声喧乱，终日只是皱了眉头，连幻想的余裕都没有了。十一点自己坐电车到大街上下来，看了看铺子，到那条专卖美国东西的街上买了几个罐头，又坐电车回来，出了一身大汗。王小姐回来，陪她吃了点面包，西园做好了大米绿豆饭，又饱饱吃了一顿，无论如何今天总算吃饱了，到五点吃晚饭的时候，一点都不想吃了。看了看晚报，快到十一点才睡，隔壁还在高谈阔论。

八日 早晨七点多起来，吃过早点，本来有意思出去走走，但一看到外面的太阳，再一想到大汗如雨的情形，立刻没了勇气，只好在家里同硬木头椅子长期抵抗。事情一点都不能做，书当然更不能看，一想到这样虚度光阴，心里就像刀割，难道自己今生的学术业就这样完了么？下午西园又做饭，我们饱饱的［地］吃了顿，吃完仍然是无聊。这里的报纸趣味也低得很，看不出什么东西来，香港这地方只能产生洋奴买办同市侩商人，那［哪］里谈到什么文化与学术？吃过晚饭，大家随便乱谈一阵，十点多睡。

九日 早晨七点起来,今天外面大概非常热,坐着不动,仍然是流汗。吃过早饭,又没有事情作[做]。这里坐一坐,那里坐一坐,好容易盼着时光过去。快到下午的时候,自己一个人坐电车到大街上去买了盒凤尾鱼,我对这东西特别喜欢,在外国十年,有时候还真想到它。回来仍然是呆坐,四点多西园作[做]完饭,我们吃了一顿。五点再摆上晚饭的时候,心里就没有什么兴致吃。同时又从汕头来了一批旅客,最少有一百名,脏的[得]不能形容,这小小的一个旅馆竟然敢收容这些人,中国真是无奇不有,一直坐到快十一点才睡。

十日 夜里床前睡满了人,放屁咬牙说梦话,个个都是全套的把戏。半夜里起来吃了片安眠药才勉强睡了点,这简直是难民收留所,那[哪]里是什么旅店?早晨十点起来,吃过早饭,本来大家计划上山去玩一天,躲一躲这一大群同胞,但天公偏不作美,从夜里就下起雨来,一天只是不停。除了同这一群人坐在一起外,没有别的办法。一点的时候,吃了顿饭,休息了会,三点出去到大街上去买了点东西,回来的路上又让雨淋了阵。回到旅馆,仍然是闹嚷嚷乱成一团,勉强吃了点晚饭,八点就躺下。

十一日 早晨七点起来,地上横七竖八顶少睡着三四十人。吃过早饭,同虎文出去,先到南泰,会到陆经理,要了一封介绍信,到新华预备去会黄买办,只有一个老头子在,据说是他的账房。人非常不和气,我们同他谈上船安置行李的问题,都不得要领。到外交部特派员办事处去了趟,就坐电车回来。饿得眼前发昏,吃了点面包,休息了会,五点一个人吃晚饭。现在真是度日如年,同这一群人在一起,有的简直是浑身杨梅,看了就想作呕,希望赶快离开这里。

十二日 星期日 早晨七点起来,吃过早饭,等他们收拾完,我们就出去。外面下着雨,我们想买船上吃的东西,走了好几个铺子,把吃的东西大体买好,我就同虎文、西园到一家山东馆子去吃锅贴。吃完又冒雨到华人街去买雪茄烟,买完,我同虎文到六国饭店外面去拿面包,又坐电车回来去买了五十个咸鸭蛋。地上很难走,手里提的东西又脏又重,情形非常狼狈。回到旅馆,出了一身大汗,一看表,已经快四点了。五点吃晚饭,吃完,看了会报,十点回屋,睡。

十三日[1]

---

1 日记原文缺5月13日~5月18日。

1946年5月19日—1946年6月2日

上　海

十九日 半夜里在睡意朦胧中,听着船似乎还在走。早晨醒了,时间还很早,已经有人起来,闹嚷嚷洗脸,卷铺盖,船不知在什么时候已经停了,据说就在吴淞口。我也起来,收拾好,等医生来检查,一等等到十一点才来,模模糊糊看了看就走了。以为船就要开了,但又要等。最后船终于开了,一直到下午两点才到上海,从早晨一点水、一点东西都没吃,肚子里真是难过。上海,这真是中国地方了,自己去国十一年,以前自己还想象再见祖国时的心情,现在真的见了,但觉得异常陌生,一点温热的感觉都没有,难道是自己变了么?还是祖国变了呢?到了上海又是等,过午三点多才靠码头,行李、小贩、旅客、迎客的乱哄哄挤成一团。我们托中国旅行社把行李运走,顾先生替我们找到旅馆和汽车,我们就上车到东方饭店来,洗了洗脸,吃了顿很丰富的晚餐,坐下谈了会,大家都倦了,就回屋睡觉。

二十日 夜里没能睡好,早晨很早就起来,把箱子重新整理了下。到虎文屋吃过早饭,等他们收拾好,我们就一同出去。先坐人力车到中国旅行社,看了看行李,拿出了几件衣服,出来换了点钱,就到会宾楼去吃饭。雨始终在下着,我们吃了顿很丰富的北方饭,大家都赞美厨子的手艺,又冒雨到向新饭店去看萧、王。我们在这里人生地不熟,问路真有些不方便,在外面住惯了,一回国觉得一切都七乱八糟,街上吵吵嚷嚷,人挤人,我们的神经真有点吃不消。在那里谈了会,又冒雨回来,人疲倦,仍然仿佛坐在船里。休息了会,吃过晚饭,谈了谈,看了看报,就回屋睡。

二十一日 早晨不到六点就起来了,先写给叔父一封信才洗脸。十点同虎文到市政府去,在所谓贵宾室里坐着等了等,就由交际科的一个职员带领去见吴国桢[1]市长,他是清华同学,年纪还不大,我们同他谈招待问题,他把何秘书长叫去,谈了谈才辞别。何又领我们去了几处,快到十二点才出来,一到门口站岗的一排警察忽然举枪致敬,我吃了一惊。我们到商务印书馆去看了看,举世闻名的商务原来位置竟这样简陋。出来就到会宾楼去,等到西园,吃了一顿包子。吃完我们步行到邮政局去,路非常远,沿途问了不知多少次,结果邮箱也没有租成。坐汽车回旅馆来,刚休息了会,顾先生来访,一直谈到快七点才走。我们吃过晚饭,谈到九点回屋睡。

二十二日 早晨六点前起来,寄了几封信,洗过脸,同虎文到市政府去。先见了欧阳总务处长,又到交际科同张科长谈

---

1 吴国桢(1903—1984),湖北建始人。1921年毕业于北京清华学校,时任上海市市长。

了半天。十一点出来,坐汽车到山东会馆去,同一位□[1]先生谈了半天,那里已经有人满之患,我们到上海唯一的希望就是能在那里住,现在这唯一的希望也幻灭了。出来到上海美专去访俞剑华[2]先生,一直谈到快两点才出来。坐汽车回旅馆来,吃过午饭,休息了会,似乎睡了点。五点又同虎文到市政府去,同□[3]秘书谈了谈。出来到邮局去寄信,一寄就是一个钟头,中国到处七乱八糟,毫无秩序,而且每个人都是自私自利,我对我们的民族真抱了悲观。回到旅馆,萧同顾先生来,坐了会就走了,吃过晚饭,不久就回屋睡。心情极坏,住处问题不解决,别的事情更难作[做]。

二十三日 早晨六点起来,洗过脸,吃过早点,就同虎文出去到中国旅行社去,要了一个账条,到市政府去,同□[4]秘书谈了谈,等到刘蜀康先生,我们一同到救济总署去,原来清华同班孙德和在那里做事,把请求救济的事情办完,出来到商务印书馆看了看,买了两本书。十二点回来,吃过午饭,俞

---

1 日记原文此处空一格。
2 俞剑华(1895—1979),原名俞琨,曾用名俞德,字剑华,以字行;山东济南人。1938年任暨南大学文书兼任上海美术专科学校教授。是我国著名的中国绘画史论家、中国画家、美术教育家,对我国现代美术事业作出了重大的贡献。
3 日记原文此处空一格。
4 日记原文此处空一格。

剑华先生带了儿子来，谈了半天闲话。刘蜀康先生来，在我屋里坐了会就走了。俞先生四点多才走。我立刻出去，把名片取出来，到邮局买了点邮票，到商务换了书，回来放下就到青年会去，参加清华同学会，欢迎梅校长、吴市长，我万没想到在这里遇到这样多同班，到会的有四五百人。吃完饭，梅校长报告他自己和学校的情形，一谈就几乎两个钟头，最后吴市长演讲，十点多才散会回来。

二十四日 昨天因为喝了茶，又喝咖啡，虽然吃了安眠药，仍没能睡好，早晨七点前起来，看黎东方[1]《先秦史》。萧来，我到虎文屋里同他谈了谈。虎文回来，带了一大批信，居然有叔父他老人家的，我真是大喜过望。同时汤用彤[2]先生通知，我已经被任为北京大学教授，可谓双喜。十二点多俞剑华先生带了儿子来，请我们到三和楼去吃饭，吃完又回来，一直谈到五点他们才走。回屋休息了会，六点同西园、虎文出去到三和楼去吃饭，现在一回国，只恨自己的胃太小，好吃的

1　黎东方（1907—1998），河南正阳人，生于江苏。曾受业于国学大师梁启超，又曾师从法国史学权威马第埃教授，学贯中西。
2　汤用彤（1893—1964），字锡予，湖北黄梅人，生于甘肃通渭。中国著名哲学史家、佛教史家、教育家、国学大师。通晓梵语、巴利语等多种外国语文，熟悉中国哲学、印度哲学、西方哲学，毕生致力于中国佛教史、魏晋玄学和印度哲学的研究。时任北京大学文学院院长。

东西真太多了。回到旅馆,看了会书,就睡。

二十五日 早晨五点半就起来了,外面又是无比的好天。写给汤用彤先生一封信,吃过早点,同虎文出去,先到中国旅行社,告诉郑先生到市政府去领钱。出来卖了点美金,就到救济总署去,同□[1]先生谈了谈,出来到中国银行想汇钱给叔父,但没汇成,又到浙江实业银行去了趟,就回旅馆来。休息了会,同他们出去到三和楼去吃饭,吃完回来,人倦得出奇,简直连躺着都觉得吃力。躺在床上,也没能睡着,起来看《昌言》同《周报》。七点到虎文<屋>去,吃过晚饭,俞剑华先生来,一直谈到十点多才走。

二十六日 星期日 早晨七点多起来,今天又是好天气,天空里一片蔚蓝。吃过早饭,在屋里寄信看书,颇享得一点清静的快乐。孙德和来,到虎文屋里陪他谈了谈,他走后,我们就吃午饭。吃完不久俞剑华先生来,领我们到他家去看他的太太,他住在宝山路,离这里颇远,坐在洋车里,身上直出汗。在那里一直坐到四点多才出来,坐了一段电车,又坐洋车回来。我出去理了理发,回来同虎文、西园出去吃晚饭,

---

[1] 日记原文此处空一格。

吃完立刻回来。看了看报,九点半睡。

二十七日 早晨五点半起来,看了会书,寄给郑振铎先生一封信。刚洗过脸,听虎文说,石生来了。我立刻到虎文屋里去看他,我们已经有十七八年没见面了,谈了谈他的近况。我出去买了点烧饼,回来吃过早饭,又是闲谈别后的情况。十一点我同虎文到善后救济总署去,见了见署长,出来卖了点美金就回来。吃过午饭,洗了个澡,王福山来,坐了会,同他一同出去坐电车去看章伯母,走了一个钟头才到。她现在真老了,三个儿子死了两个,又同章士钊闹翻了,一个人独居,情况颇可怜。七点出来,到家已经快八点了。吃过晚饭,同他们谈了谈,回屋又同石生谈到十二点多才睡。

二十八日 早晨五点半起来,吃过早点,就出去,先到邮政局寄了封信给叔父,就到中国银行,想把钱汇出去,结果他仍然不接受。到汇理银行[1]去问了问换瑞士佛【法】郎的事情。十一点到金城银行去看王馨迪[2],谈了会,出来到商务印书馆

1　指法国东方汇理银行。
2　王馨迪(1912—2004),笔名辛笛。祖籍江苏淮安,生于天津。现代诗人,作家。1935年毕业于清华大学外国语文系,曾在清华大学周刊任文艺编辑。1946年至1948年是其文学活动和诗歌创作颇为活跃的几年,期间还为《大公报》的"出版界"周刊专栏写了十余篇文章,介绍英美新书、辞典、评价诗集等。

去买了本书。回到旅馆又同他出去到会宾楼去吃饭，吃完回来，休息了会，天气很热，人非常倦。四点半俞剑华先生领了位陈先生来，不久王馨迪来，我就同他出去看李健吾，徐士瑚[1]也在那里，坐了会同李出来，坐汽车回来，吃过晚饭，同西园、虎文谈到十点回屋，睡。

二十九日 早晨五点半起来，随便看了点书，吃过早饭，同他们在虎文屋里闲谈。十点半出去，到行政院善后救济总署去。在那里等到快十二点傅先生才去，同他谈了谈。领东方饭店的茶房到会计处去收账，十二点出来，买了点青菜，就回来。德国同学罗万森在这里，同他谈了谈，他走后，我们就吃午饭，吃完，回屋来睡了会，又看了点书。六点俞剑华先生来，我们一同出去到会宾楼去吃晚饭，外面下着雨，吃完又回来，谈到十点送俞先生走，就回屋来。

三十日 早晨五点半起来，看《西北大地研究》，一直等到快九点，他们才起来。刚要吃早点，萧来，坐了好久才走。吃完早点，已经快十点了，下了一夜雨，现在还下着，坐洋车到中

---

[1] 徐士瑚（1907—2002），山西五台人。著名文学家、教育家、教授。

国银行去汇钱，又没能汇走。出来想到先施公司[1]去，走了好久才到，因为走错了路。买了点东西，又坐洋车回来。吃过午饭回屋睡了会，起来，看《西北大地研究》。五点同他们出去，想到跑马场去散散步，没能进去，就到会宾楼去吃晚饭。吃完回来，又谈了半天闲天，回来睡觉，已经十一点了。

三十一日 早晨六点前起来，洗过脸，看《西北大地研究》，到虎文屋里去，他们只是收拾不完，早点也吃不成。还在忙乱的时候，俞先生同他儿子来了，他带了几本他的画册给我看。十一点俞先生出去，我因为同虎文约好，就出去到救济总署去。会到虎文，见了见傅先生，又到楼上同孙德和谈了谈，回家吃过午饭，又出发到中国旅行社去看行李。从那里到先施公司去买了点东西，回来，还在吃晚饭的时候，西园忽然病了，看情势颇严重，大家忙了一阵，渐渐静下来。我坐车到北站替石生退票，回来稍坐了会，就回屋来。

六月一日 早晨六点前起来，吃过早点，在虎文屋坐了会，一个人出去买东西，先到冠生园买面包，又到别的铺子里买咸菜，抱了一大堆回家。虎文来电话让我到救济总署去会他，

---

[1] 先施公司：先施百货公司，是香港早年规模最大的百货公司，1917年10月20日在上海南京路630号开设分店。

1946年

会到他，我们就去见瑞士人。原因是我想把那只表卖了，今天他又贬了价。见了以后，我颇有点发火，但仔细一谈，瑞士人没有错，这一切价钱他根本没给，都是虎文幻想出来的。人家给了他一个账单，他根本没看，我当然不知道。我只好把钱收下，最少吃二十万元的亏。回来吃过午饭，三点带了箱子到中国旅行社去，把箱子点好，出来把瑞士人给的金子卖了，又吃亏一万。回来休息了会，因为石生只是不回来，西园同虎文几乎演了武剧，这一切据我看都不必要。石生终于回来了。吃过晚饭，同虎文到俞先生家里去，送给他六十万元请他放出去。十点多回来。

二日 星期日

早晨六点前起来，刚吃过早点，徐士高同周源桢来，在虎文屋里谈了半天闲话。他们刚走，我也就出去，拿了张地图，出门到郑振铎先生家里去。走了好久才到，他居然在家里，正在抱着孩子玩。到他书房里谈了许多创作出版的计划和比较文学史上的问题，他劝我翻译 *gātaka*[1] 和 *Pañcatantra*[2]，谈的［得］真是痛快淋漓，他非留我吃午饭不

---

1 *gātaka*：《本生经》，是印度的一部佛教寓言故事集，大约产生于公元前3世纪。以巴利语撰写，主要讲述佛陀释迦牟尼前生的故事。
2 *Pañcatantra*：《五卷书》，古印度故事集。用梵文写成，因有5卷而得名。中国1964年出版了季羡林译的《五卷书》全译本。

行。吃完，又谈，他因为有约会，我也要回家等俞先生，只好分手。他在临别的时候还谈，我最好能在上海多住几天，文艺协会要开会欢迎我。回到旅馆，不久俞先生来，他领我们到宁波同乡会去看绘画展览，琳琅满目，里面确有好东西。他又领我到中国画苑去看绘画展览，似乎比宁波同乡会还丰富。看完回到旅馆，已经筋疲力尽，仿佛立刻就要睡倒似的。吃过晚饭，俞先生来谈了会就走了，我也就收拾睡下。

1946年6月3日—1946年8月29日

南　京

三日 早晨五点就起来,洗过脸,收拾好行李。六点半大家一同出发,到北车站去,自行上车上船。照例是忙乱一阵,幸而车是对号的,还不太狼狈,而且车上的茶房隔不久就扫一次,所以车里还相当的干净,中国也总算有了进步了。车里热得很,吸烟的又太多,我开头似乎有点头晕,但不久就好了,大吃大喝起来。我们以为过午五点才到南京,一点多就到了,这真令人高兴。下了车,坐汽车到新街口明湖春酒店,休息了会,吃了点东西到隔壁一家书店里买了两本书。回到楼上,躺了会,他们回来,随便谈了谈。十点吃过晚饭,十一点坐汽车到兴华旅馆来。

四日 早晨六点起来,吃过早点,就同虎文出去到行政院善后救济总署去,问了许多人才找到,署长没在家,只同厉秘书谈了谈,他非常和气,满口应允,替我们尽力。回到旅馆,休息了会,吃过午饭,外面骄阳当空,屋里也够热的。人非常倦,躺下就睡着了,厉先生来我才醒了。他告诉我他交谈的结果,对于招待一层一个字也不说了。他走后,屋里热得不能坐,到晒台上去看报。六点出去到南京社会服务处去问存行李的问题。七点半回来,又一同出去吃饭,回来人非常累,乘了会凉,就睡。

五日 早晨六点起来,吃过早点,我们便出发到中国旅行社去。那里暂不能存行李,代运也非常困难。出来,我便一个人到社会服务处去,告诉他我们就到下关去取行李。到中央航空公司去问飞到济南的情形,再到中国银行去问汇钱的事情,问完便预备到天山路国立编译馆去找长之[1]。但这天山路却真不容易找。我曾问过好多人,回答都不一样。结果我就照着大多数人说的地方去找。快到了,又问了一个邮差,他说我走错了方向。我只好回转头走回旅馆来。停了会,同西园、文文[2]出去吃饭,吃完回来。屋里热的像蒸笼,睡也睡不着。五点多又到社会服务处去,虎文、西园把我们的行李从下关送了来,又费了多大力,交涉好把行李暂存在那里,遇着孙永龄。回到旅馆吃过晚饭,孙来,谈到十一点走。

六日 早晨七点起来,洗过脸,看林语堂女儿写的《吾家》,他们只是不起,我便一个人出去到中国银行汇了十万元给叔父。回家来,吃过早点,同虎文到善后救济总署去,同厉先生谈

---

[1] 长之:李长之(1910—1978),原名李长治、李长植,山东利津人。1929年入北京大学预科学习,1931年考入清华大学生物系,两年后转哲学系,同时参加了《文学季刊》的编委会。1934年后曾主编或创办《清华周刊》文艺栏、《文学评论》双月刊和《益世报》副刊。自清华大学毕业,留校任教。1945年任国立编译馆编审,抗战胜利后随编译馆由重庆北碚迁南京,主编《和平日报》副刊。
[2] 文文:张天麟的儿子张文。

了谈，出来到邮局寄了封航空挂号信，就回来。不久我们又出去到新安旅馆去吃饭，吃完回来，屋里又像蒸笼似的热起来，躺下休息了会，起来到晒台上站了半天。六点多孙永龄来，一直谈到快九点才走，我们吃过晚饭，同石生、西园、文文到鼓楼下面去散了散步，风景真不坏，只是没有人修整，回来又在晒台上凉快了会才睡。

七日 早晨五点多起来，洗过脸，看《吾家》及《西北大地研究》，虎文同西园只是不起来，看看过了九点自己肚子里已经饿得响起来，他们仍在高卧。好歹等他们起来，吃过东西，仍然是迟迟其行。等我同虎文出发的时候已经十点过了。先到了教育部去，门房说朱部长[1]还没有去。我们就请见周鸣经司长。在会客室遇到边理庭、葛□□[2]，周因为有事，不能立刻见我们，我们就进去见杭立武次长[3]，他也有事，我们就等。天气热的［得］要命，我穿了冬天的衣裳，其苦可知。一直等到十二点，外面汽笛声起来了，杭还没接见，我们都急

1　朱部长：朱家骅（1893—1963），浙江湖州人。中国近代教育家、科学家和政治家。时任民国政府教育部长。
2　日记原文此处空两格。
3　杭立武（1904—1991），安徽滁州人。1923年毕业于金陵大学，1929年获英国伦敦大学博士学位。归国后受聘为中央大学政治系教授兼系主任。1931年转任中英庚款董事会总干事达十数年。1944年任教育部常务次长。两年后调政务次长。

了，出来在走廊里乱转，忽然看到中央大学校长吴正之[1]先生来了。我同他谈了谈，他拉我们到会客室去，问我学的什么东西，想拉我到中大去。听差忽然过去，说杭次长等我们，我答应去看他，就同吴先生握别。同杭谈了谈，说了几句废话，辞别的时候他问听差，说朱家骅部长刚来。于是我们又去等见朱部长，在会客室坐了不久，朱就去了，问了问我们的学历，他因为还有事，不能同我们长谈，让我们再去见他，就辞了出来。理庭还在那里等我们。我们一同到王香荪先生家里去看他，他们非要给我们接风不行，一同出来到梁园吃了顿午饭。又同虎文、理庭回到教育部，周司长刚出去，我们就出来回家来，谈了谈，休息了会。六点理庭来，我们到新安去吃饭，吃完到鼓楼下面去散步，一直坐到很晚才回来，天气仍然热。

八日 早晨六点起来，洗过脸，等他们起来，但他们只是不起。我看了会书，出去买了份《和平日报》回来看了看，一直快到十点他们才起来。吃过早点，我同虎文到教育部去，周司长

---

[1] 吴正之：吴有训（1897—1977），字正之，江西高安人。著名物理学家、教育家。1921年赴美入芝加哥大学，1926年获博士学位。1926年秋回国，先后在江西大学和国立中央大学（今南京大学）任教，1928年秋起任清华大学教授、物理系主任、理学院院长（包括1938年以后在西南联合大学的8年）。1945年10月任中央大学（今南京大学）校长。

又有事，我们就出来。我一个人去访长之，我们已经十一年没见面了，见了面简直不知道应该从什么地方谈起，乱谈了一阵。十二点同另外一位朋友，我们三个人到玄武湖去吃午饭。今天真可以说是热，似乎一生还没经过这样的热天。吃完在湖边上坐了会，湖里满是荷叶，游艇也不少，看上去风景非常秀丽。五点回旅馆来，吃了点东西，在晒台上站了会。出去到大街上散了散步，遇着马丹祖，同他一同回到旅馆，谈了半天闲话，九点他走。不久长之同幼平来了，又是高谈阔论，幼平先走，到深夜长之走。

九日　星期日　早晨六点起来，看长之《苦雾集》。吃过早点，十点半同虎文坐洋车到新街口去，今天西南联合大学开会，我们去参加。等到十一点，来了辆汽车，把我们送到励志社，那里是会场。到的同学都是近两年才毕业的，我们真是老夫耄矣。照过相，开始聚餐，梅贻琦致词，浦薛凤[1]、樊际昌[2]演讲。饭也没吃饱，虽然每个人拿了四千元。吃完又通

1　浦薛凤（1900—1997），江苏常熟人。曾任清华大学政治系教授兼系主任，《清华学报》编辑，北京大学教授。抗战爆发后，由西南联合大学转赴重庆进入政界。是研究西方近现代政治思想史的权威，其专著《西洋近代政治思潮》曾被列入商务印书馆"大学丛书"，在学术界具有持久的影响力。
2　樊际昌（1898—1975），1930年受聘为北大文学院教授，心理系主任兼课业长（即教务长）。时任西南联大教务长。

过会章，选举理监事，我愈来愈觉得无聊，便同虎文溜出来。坐洋车到新街口，遇到长之、幼平同施先生。他们找我去逛靖国神社，是伪组织时代日本人建筑的，在五台山上。现在却成战利品纪念室，一切全是地道的日本风味，令人觉得仿佛到了日本。里面的所谓战利品并不多，顿有泄气之感。看完在茶棚里喝了杯龙井，下了山到一个饭铺吃了碗面，又同长之、施先生步行到玄武湖去散步。坐在一个石椅上闲谈了半天，转眼天已经黑下来。我们慢慢走过玄武门，刚分手不久，就下起雨来，而且来势极大，到家已经淋成落水鸡了。

十日 早晨七点起来，吃过早点，同虎文到善后救济总署去，同厉先生谈了谈，他让我们到总署去一趟，因为他那里只是分署。我们于是就去见蒋廷黻[1]，我同他虽然不太熟，但也认识。初见面的时候，谈的［得］还畅快，一提到请他帮忙买飞机票，他立刻变了脸，于是就不欢而散，我又认识了官僚的一副面孔。刚回到旅馆，理庭来，谈了会，一同吃过午饭，他就走了。休息了会，四点同虎文到教育部去，朱部长今天没有时间，我就出来到中央图书馆去，蒋馆长不在，同孙永

1　蒋廷黻（1895—1965），湖南宝庆人。中国著名历史学家、外交家。曾任清华大学文学院院长、历史系主任。1935年后从政，在国民政府从事外交事务，时任行政院善后救济总署署长。

龄谈了谈，看了看书籍，就回来。八点同他们一同出去，王汉卿先生请我们吃晚饭，到新街口龙门吃了顿广东菜，一直坐到十一点才出来回旅馆来。

十一日 早晨六点多起来，洗过脸就出去，到铺子里买了几个烧饼，就到国立编译馆去。路上把烧饼吃完，也就到了目的地。同长之谈了谈，告诉他我要搬到他那里去。回到旅馆张照溪在那里，我把东西收拾好，雇好洋车，送到编译馆。又回去，同他们到新安去吃饭，吃完回到旅馆，在晒台门口坐了半天。五点多又送东西到编译馆来，坐了会，同长之出去买了几个烧饼到《和平日报》去，他在那里编副刊。吃完谈闲天，不久幼平也去了。等他们编完，一同回到编译馆，十一点多幼平才走，我也就睡。

十二日 夜里睡得还好，不过蚊子太多。早晨七点起来，洗过脸，长之也起来了。八点多我们出去，想去看宗白华先生，不在家。我们吃了点东西，就到国立中央图书馆去看蒋慰堂[1]

---

1 蒋慰堂：蒋复璁（1898—1992），号慰堂，浙江海宁人。中国现代图书馆事业的奠基人之一。1924—1926年，在清华学校兼课。1926年北京图书馆建成，任该馆编纂，负责中文图书编目。1930—1932年，赴德留学，在柏林大学研习哲学，并攻读于图书馆学院，同时在普鲁士邦立图书馆任客座馆员。1940年创办中央图书馆，为首任馆长。

先生，一直谈到十一点多才出来。到街上看了几家书店，坐洋车到中央图书馆北城阅览室去。蒋先生请我们吃午饭，同被请的还有许多人。吃完，看了几本宋板［版］书，屈万里[1]先生又领我们去看书库，两点辞了出来。回到编译馆，在晒台上坐着看了会书，五点半出去买了几个烧饼，在街上吃完，就到兴华去看虎文，谈到九点回来。

十三日 早晨七点起来，洗过脸，八点多出去，在山西路一个小铺里吃了点东西，就到国立中央图书馆北城阅览室去。先看目录，又把《元曲选》借出来看，我想在里面找关于语言学的材料。十一点半去看报。十二点出来，买了几个烧饼，边走边吃，回到编译馆，路很泥泞，人非常倦。长之要我同他去看电影，我只好陪他，到大华去看《出水芙蓉》，幼平同一位陆先生也在，四点半出来。同长之去访梁仁甫，他请我们到鼓楼酒家去吃晚饭。吃完到玄武湖去散步，新荷嫩绿，在暮色苍茫中，景色特别美，九点前回来。

十四日 早晨七点起来，外面似乎下了一夜雨，现在还没有停。一想到泥泞的路，立刻失掉出去的勇气。只好窝在这里

---

1 屈万里（1907—1979），山东鱼台人。1945年后，历任中央图书馆编纂及特藏组主任。

随便看了点书，想写给俞剑华先生一封信，清华同学何基来，闲谈了半天，信也没写成。等他们去吃饭，好歹抽空写完，到前面门房里去吃了顿午饭，看门的是一位山东老乡，回来又是闲谈，也不能工作。外面雨只是不停，晚饭也不能出去吃，只让工友买了几个小面包，八点邓之馨来，谈到九点多走了，外面大雷大雨。

十五日 早晨七点起来，吃过早点，就出去到山西路中央图书馆北城阅览室去，昨天那里的雨大概确是很大，到处都看到临时形成的小池塘，到了就开始抄稿，这是一篇在德国写成的散文，现在想把它抄起来。十一点半出来买了几个烧饼，一边吃，一边走。吃完到兴华去看虎文，坐到两点回来，路上又让雨淋了一阵，看了点书，人异常地倦。外边雨只是不停，吃晚饭的时候，贾丽南拿了瓶酒来，我打开一盒罐头，大家吃喝了一通，吃完就收拾睡下。

十六日 星期日 早晨七点起来，吃过早点，就同长之出去，坐火车到国府站下来，步行到太平路去逛书铺。这十年中国出版界可以说是没有多大进步，好书真不多。但因为自己的钱太少，终于还是没能把想买的书全买了。十二点到菜羹香去吃锅贴，吃完就回来，外面大毒太阳，天气又热了起来。

休息了会，看了看报，抄稿。六点等幼平来，我们三个人到玄武湖去，雇了一只船，在湖里逛了逛，又吃了顿面，回来已经十一点了。

十七日 早晨六点多起来，洗过脸，吃过早点，就出去到山西路北城阅览室去，抄稿，十一点半出来买了几个烧饼，吃完，到鼓楼邮局去送了两封信，就回来。走在太阳里，觉得还真热。回到编译馆，仍然是抄稿，终于把它抄完了。我本来自己对这篇文章就不满意，拿给长之一看，他也不满意。七点出去到一个小馆里吃了碗面，就去找梅生，找了好几家，都没找到。只好放弃原意，到兴华去看虎文，九点回来。

十八日 早晨七点起来，吃过早点，抬头忽然看到远处的鸡鸣寺，于是动了游兴，就同长之爬过城墙去了。每人要了一杯茶，拿出带去的书看起来。窗外可以看到玄武湖，景色很美。十一点多长之先回来，我仍然在那里，目的是想吃一顿素面，结果等到一点也没吃到，只好饿着肚子下山买了几个烧饼回来，吃完看罗常培《中国人与中国文》，抄 *Wala*[1]。人非常倦，躺下睡到七点，同长之出去，到一个小馆里吃了顿晚饭。一

---

1 作者留学德国之初，在火车上遇到的一个小女孩，由此作了一篇散文 *Wala*。

同去访梅生，结果遇在路上，同他回到编译馆，谈了谈十年的情形，十二点他才走。

十九日 早晨七点起来，吃过早点，休息了会，就出去到山西路中央图书馆北城阅览室去，抄 *Wala*。十二点出来，到一个小馆里吃了一碗面，就回编译馆来，正在闲谈的时候，忽然接到北大寄来的临时聘书，我心里忽然一动，又想在南京留下。于是立刻同长之出去，找宗白华先生，他在家，人颇有风趣，一直谈到五点才回来。以为幼平在这里，然而他没来，我又出去吃饭。吃完就到兴华旅馆去看虎文，九点回来。外面下着雨。

二十日 早晨七点起来，吃过早点，就出去。先到兴华旅馆去送伞，坐下谈了会，九点半到慈悲社去看陈寅恪先生，正有一个小孩子替他读报纸。他的眼睛就目前看起来非常不好，我们谈了许多问题，我报告了下我的研究近况和研究计划，一直谈到快十二点才辞了出来。到一个小饭馆里去吃了点东西，就回编译馆来。休息了会，抄 *Wala*，看《中国人与中国文》。晚饭随便吃了点东西，没出去吃。七点幼平来，我们三个人，就到玄武湖去雇了一只船，在暮色苍茫里在湖里荡了一会，回来已经十点多了。

二十一日 早晨六点起来,吃过早点,就出去。本来预备到中央图书馆去看杂志,走在路上,再一想,那里还没开放,于是转路到鸡鸣寺去。在胭脂井旁边的亭子里坐下,看《西域之佛教》。十一点回到编译馆看报,出去到街上买了几个面包,回来吃过,伏在桌子上睡了一会,看《西域之佛教》。五点多同长之、杨荫渭到玄武湖去玩,在又一村坐下喝茶,谈天。杨先生抗战中作联络工作,经验丰富,谈起来热闹。吃过晚饭,八点多回来,在晒台上同贾先生夫妇谈了谈,十点睡。

二十二日 早晨七点前起来,吃过早点,就出去到鸡鸣寺去。要了一杯茶,面对着玄武湖,就开始写起□□□□□□[1]来。抬头就看到城外湖里的小船在荷花中穿行。十二点吃了一碗素面就回编译馆来,又出了一身大汗,休息了会,仍然写□□□□□□[2]。不知为什么,头有点痛,神经也似乎很兴奋,字也写不好。五点半同长之到大街上去吃饭。吃完到梅生家里去,见了他太太和小孩子,等了会他才回去,等他吃完饭,我们一同回到编译馆,谈到十一点他才走。

---

1 日记原文此处空缺。
2 日记原文此处空缺。

二十三日　星期日　早晨七点起来，洗过脸，吃过早点，写□□□□□[1]，但手头一本参考书都没有，写起来非常困难。十二点同长之出去到丹凤街去吃饭，吃完我一个人先回来，太阳很毒，风很大，躺下休息了会。今天有时间，反而睡不着，抄 Wala，写□□□□□[2]。七点梅生来，我、长之同梅生便到玄武湖去玩，先到一个饭馆里吃了顿晚饭，又到里面走走，风有点太大，我便同梅生回来，十点半他走。

二十四日　早晨七点起来，吃过早点，就出去到国立中央图书馆去，今天第一天开放，里面新杂志很多，不过我要用的书都没有。孙永龄领我到书库里看了看，颇有些好书，只是乱七八糟还没有整理出来。十一点刚要出来，遇到虎文，谈了几句，我就到中央商场去换美金，换完到菜羹香去吃饭，吃完去理了理发，才回来，已经快两点了。天气非常热，汗流得像水，写□□□□□[3]，六点出去买了几个面包，吃完同施先生出去散步，我们在城墙上走了走，右面看到玄武湖，一片淡绿，景色很美。回来邓之馨同梅生父子先后来，梅生十点半走。

1　日记原文此处空缺。
2　日记原文此处空缺。
3　日记原文此处空缺。

二十五日 早晨七点起来,洗过脸,吃过早点,就出去到中央研究院去见傅斯年。这位先生也半官僚化了,说话有点不着边际,谈了谈北大的情形,我觉得他们没有诚意聘我,他们当然高兴我去,不过没有我也行。出来回到编译馆,写□□□□□□[1]。十二点就随便吃了几个烧饼作午饭。吃完,休息了会,写《东方语文学研究之重要性》。四点又到兴华去,虎文没在家,同西园谈了谈。今天热得奇怪,刚走出来,就来了雨,在东站避了会。回来,不久就同长之出去到丹凤街去吃饭,吃完回来,天气极闷热。

二十六日 早晨七点起来,吃过早点,就同长之去看陈寅恪先生,虽然没有太阳,但非常蒸热。我们九点半到他家,转眼竟谈到十一点半,告辞出来。到一个小馆子里吃过午饭,回到编译馆,热得连气都不能喘,更谈不到工作,勉强抄 Wala。四点的时候,忽然想到存在服务处的行李,存了已经很久,只是存费就已经很可观了。于是立刻出去找虎文,他们都不在,我买了点东西,就回来。吃完到晒台上去坐着纳凉,幼平来,不久就同长之走了。

---

[1] 日记原文此处空缺。

二十七日 早晨七点起来，吃过早点，就出去到兴华旅馆去，他们刚起来，坐了会，一位朋友去，我陪他坐了坐，就到中央图书馆去，见到孙永龄谈了谈存行李的问题。出来到新街口社会服务部去取出来了三件行李，雇洋车拉到兴华旅馆，下起雨来，不能走，同他们吃过午饭，雨停了，就回来。看《西域之佛教》，又开始看《世说新语》。七点同长之出去，到鼓楼下面一个小馆里，吃了碗面，一块到《和平日报》去，总编辑黄明去谈了半天，总社长黄少谷也去谈了会。十一点我们才回来。

二十八日 早晨七点起来，吃过早点，看《世说新语》。夜里下过雨，现在还没有停，凉风吹来，居然有点冷，仿佛夏天已经过去了。十二点半出去，到丹凤街吃过午饭，慢慢到中央图书馆去。先到楼上看了会杂志，人非常倦，仿佛要睡倒似的。下来同孙永龄谈了谈存行李的事情，现在忽然又不行了。他领我到国府路益世报馆去见齐济侪，他那里可以暂时存行李。谈了会，出来到兴华，他们也正在那里弄行李。我打开箱子看了看，六点多回来，吃了几个小面包，十点睡。

6月

二十九日 早晨七点起来，吃过早点，就到兴华旅馆去，坐了会，雇了两辆洋车，把行李书箱拉到编译馆宿舍里来，出了一身大汗。回到编译馆看《浮生六记》、《世说新语》。十二点本来预备出去买东西吃，长之说天气太热，只叫工友买了点面包，吃了几个当做午饭。吃完休息了会，洗了几件衣服。六点同长之到峨嵋路宿舍访阎金锷，邀他到玄武湖去玩。先到那广东铺子里吃过饭，就到美洲[1]去走了走，从那里走到非洲。沿路上看到荷花都开了，一片碧绿，点缀着红花，非常美丽。我们雇了个船坐到玄武门，回来正九点半。

三十日 早晨很早就醒了，昨晚因为喝了茶，夜里等于没睡。人一起来就疲倦，又因为是星期日，更没有做事的兴致。吃过早点，看了点书，十二点躺下休息了会。一点多起来，先去爬过土山买了几个面包。回来，正在吃的时候，梅生来，今天天气真是非常地闷热。我们随便谈了半天闲话。四点多出去，到鼓楼车站，坐火车到武定路下车，到白鹭洲去玩了玩。有水，有芦苇，有荷花，风景很美。从那里走到夫子庙，看了看秦淮河。到旧书店里去逛，琳琅满目，只是自己没有钱。我买了一部《天竺字源》，用钱七千元。到稀饭大王吃过

1　玄武湖在民国时期为市民公园，湖内五洲被命名为"亚洲"、"欧洲"、"非洲"、"美洲"、"澳洲"。

晚饭，坐马车回来，梅生同我回到编译馆，一直谈到快十二点，他才走。

七月一日 早晨七点前起来，吃过早点，看《天竺字源》。十点到长之宿舍里去，把箱子都打开来看了看。外面虽然都发了青，里面的东西还没湿。我把书同衣服都拿出来，把箱子放到太阳里，出了一身汗。回到编译馆，十二点到保泰街买了几个烧饼，回来吃过，休息了会。看以前自己的笔记，想把有趣的整理出来写成读书杂记。五点半自己又吃了几个烧饼。吃完就到晒台上去纳凉。临睡的时候，忽然有了灵感写《白门小品序》，起来了几次。

二日 早晨六点多起来，洗过脸，吃过早点，看《世说新语》。外面天阴，风吹进来，非常冷。十一点多出去到丹凤街经济园小吃馆，大概早晨受了凉，路上直打喷嚏，人也很难过，嗓子里老像有一点东西似的。吃完回到编译馆，头昏眼花，人也倦，伏在桌子上休息了会。长之拿给我一本他写的李太白看，我只就强打精神，看起来，脑筋里终是昏昏的。五点多我同长之、励甫出去，在编译馆门口等一个卖馄饨的。我们又叫人去买烧饼，结果吃了一顿非常痛快的饭，回来人终于还是难过，支开行军床就躺下了。

三日 早晨七点起来，洗过脸，吃过早点，正要开始工作，谢蕴如来，只好陪他闲谈。外面雨不停，他不能走，于是就一直谈到十一点。中间我脑筋里忽然灵机一动，想把《胭脂井小品序》改作一下，站在门口想了想，大体总算想好了。十二点冒雨出去买了几个面包，回来吃了。人伤风似乎更厉害了，鼻涕只是流，头也昏。看《图书集成》，抄关于兔子和月亮的材料。六点幼平来，坐了会就走了，又吃了两个小面包当晚饭。贾先生请到他屋里去闲谈，九点半回来睡。

四日 早晨七点起来，外面仍然下着雨，吃过早点，看《古今图书集成》，忽然觉得应该给 Prof. Kern[1] 写封信了，于是立刻就写，但也没写完，就到了正午。出去到丹凤街经济园吃了顿饱饭回来，人伤风没好，仍然难过，休息了会，把给 Prof. Kern 的信写完。四点多出去到邮局去送了，外面有太阳，又有点热了。到兴华旅馆去了趟，他们都不在，我去看了看报，就回来。午饭吃得大概太多了，现在一点东西都不想吃，于是也就不吃，只喝了杯牛奶粉，十点就睡。

---

1 Prof. Kern：克恩教授，作者留学期间在瑞士结识的一位德国教授。

五日 早晨七点起来,吃过早点,就到兴华旅馆去看虎文,本来预备坐一会就走,但一谈起来,就到了十一点。出来觉得到中央图书馆去已经太晚了,于是买了点东西就回编译馆来。吃了几个烧饼当午饭,吃完休息了会。看《古今图书集成》,把有用的材料抄下来,人伤风仍然不好,一点都不想吃东西。六点同长之出去吃了碗馄饨,回来到他宿舍里去拿了点东西,回到编译馆,看郭沫若《十批判书》,七点睡。

六日 早晨七点前起来,外面下着雨,吃过早点,就同长之、励甫出去,到鼓楼去坐马车到新街口,从那里走到太平路,我们就开始逛起书铺来,看到要买的书真太多了,只是没有钱。勉强买了几本,一点前走到太平路北的稀饭大王,进去吃过午饭,出来到三二九点心世界去喝杯绿豆汤,到国民去看电影,片子是《月宫宝盒》,彩色片,很热闹,五点散场回编译馆来。肚子里直响,东西一点不想吃,九点就躺下睡。

七日 星期日 又是七七纪念日。早晨七点半起来,吃过早点,写《东方语言学之重要性》。不久幼平来,陪他闲谈了半天。十一点半我、长之、幼平出到鸡鸣寺去。现在正是阴历六月,这里香火正盛,大厅里坐满了喝茶的人。我们先喝茶，后吃面，吃完从城墙上走到玄武门下来，觉得太热，就回来休息了会，把《东方语文学之重要性》写完。人很难过，有点发烧，也没有吃晚饭。梅生来，我们就在晒台上闲谈，十一点他走了，我也就睡。

八日 早晨七点起来，吃过早点，就出去，先到鼓楼邮局寄了封挂号信给梦麟。就到中央大街去，毫无目的地走了一阵，本来想到中央图书馆去，又觉得路太远，天太热，仍然回编译馆来。不久长之的两个学生来访，走了一趟，又回来，一直到两点才走。但自己的肚子里也就发生了问题，我十一年没有痢疾了，现在刚回国不久，就闹起来。一躺躺了一过午，发烧，头昏，晚饭也不想吃。吴元亮同幼平相继来，我只是静静地躺着，中夜，长之买了点药来，吃上就睡。

九日 早晨七点起来，昨天的药似乎很管事，今天已经没了痢，但人仍然难过。吃过早点，勉强坐着看书，上午也没出去吃饭。等到一点张女士一离开，我立刻就躺倒在行军床上，闭了眼休息了会，不久就似乎睡去，醒来躺着看冯承钧的译文。六点幼平来，我们就同他到玄武湖去，先到广东馆子里吃过饭，又雇了只大船，从荷花丛里撑过去。走到澳洲旁边的时候，天已经黑下来。西天晚霞独明，萤火飞动在芦苇丛里，景色美到不能说。下船又散了散步，回来已经十点了。

十日 早晨六点半起来，吃过早点，就出去，先到鼓楼邮局寄一封快信给俞剑华先生，等了半天才寄走。寄完到兴华去，原来他们已经买好飞机票，明天就要飞回济南了，我在那里谈了谈，不觉就到一点，一同吃过午饭，又坐了会。出来到《和平日报》，把稿费领出来就回来。今天感触万端，思绪坏极，对生命也没有什么留恋了。五点同长之到中央大学去看组缃[1]，他太太小孩子都在这里。等到六点半，臧克家去，大家一同吃晚饭，吃完又闲谈，谈得极投机痛快，心情为之稍畅，回来已经十一点了。

十一日 早晨六点起来，其实也无所谓起来，夜里发烧一夜没睡，只是躺下朦胧了一会就起来了。人很头昏，写给郑西谛先生一封信，又写给秋妹、婉如、延宗各一封信，就到鼓楼邮局去寄，寄完买了几个馒头回来。吃完就躺下，一闭眼就睡去。起来，脱了衬衣，又睡去，三点才醒。看《唐人小说》，觉得不如以前印象好，五点同励甫到大门口吃了碗馄

---

1 组缃：吴组缃（1908—1994），原名吴祖襄，安徽泾县人。20世纪著名作家。1929年秋进入清华大学经济系，一年后转入中文系，他曾与林庚、李长之和季羡林并称"清华四剑客"。

饨，回来躺下又想睡。看了会报，又看《唐人小说》。晚上在晒台上乘凉，月亮极明。

十二日 早晨七点起来，吃过早点，重看 *Die Lengende von Fliegenden Pferd*，想译成中文，但有些地方要改作一下。十二点半出去买了点面包，回来吃了，正要休息，接到大千的信，我当然很高兴，但说我的稿本找不到了。这真使我难过，生平就只写了那几篇文章，现在正想出一个集子，都没了稿本，心里一急，就立刻紧张起来，睡也睡不着了。五点前克家夫妇来，谈了会，我们就到玄武湖去，雇了一只船，绕澳洲一周，下船吃饭，吃完又到美洲去玩，回来已经快十点了。

十三日 早晨七点起来，吃过早点，就开始把 *Die Legende von dem Fliegenden Pferd* 里面的一段译成中文。到了正午，本来预备出去吃饭，但看了外面的太阳，立刻又打消了原意，随便吃了点干面包，吃完躺下睡到两点多才起来，仍就译 *Die Legende*。四点蒋豫图来，也十多年没见了。谈了半天北平的情形，七点我们出去，先到新安饭店吃过饭，就到玄武湖去。船没能雇成，在木亭子上坐下，喝了杯茶。今天是旧历十五，月亮明极，水面金波一片，十一点回来。

十四日 星期日 早晨七点起来，吃过早点，抄《胭脂井小品序》。一抄抄了一早晨，结果再看一遍，自己都不十分满意。十二点半出去买了几个烧饼，回来吃过躺下休息了会，两点我同长之出去。从鼓楼坐马车到新街口，到大华去看电影，片子是甜姐儿，浅薄得彻底。五点出来到中央商场去逛了逛，到中央餐厅吃过晚饭，就回编译馆来。今天才真正是夏，闷而热。不久梅生带了王振雄来，玩到十点多。

十五日 早晨七点起来，一开头天就热，大概真正的夏天来了，吃过早点，翻译 *Die Legende von dem Fliegenden Pferd*，其实是重作。十二点前出去买了个面包，回来吃了一半当午饭，吃完就躺下睡，快到三点才起来。外面已经热不可当，屋里也挥汗如雨了。查《图书集成》。同长之到外面摊子上吃了碗馄饨，热了一身汗。六点一同到梅生家去，他请我们吃晚饭，真正是山东口味。吃完我们三个就慢慢走回编译馆来，在晒台上乘凉，月亮很明，梅生十一点走。

十六日 早晨七点起来。吃过早点，其实是刚吃了一半，蒋豫图来，因为屋里太热，我们就把椅子搬出去到晒台上去坐下闲谈起来。我们都是同调,既不满意国民党,又不了解共产党,谈起来很投机。十二点买了几个大面包,我打开了两盒罐头,我们大吃一顿。吃完他就走了。天气也热起来,今天是真热,脱光了上身,坐着,汗仍然是泉水似的流,看汤用彤《印度哲学史》。六点出去买了碗馄饨,回来就面包吃了,金兆梓[1]先生来,此公颇健谈。幼平来,吴元亮也来,最后走,十一点多睡。

十七日 早晨六点起来,吃过早点,看《印度哲学史》。今天风很大,不像昨天那样热。忽然励甫提议到夫子庙去,我同长之立刻附议,于是就动身,到鼓楼坐汽车一直到夫子庙。我们的主要目的是旧书摊,于是就开始一个个逛起来。十二点到一个北平馆子里吃午饭,吃完又逛了两家书铺。两点坐公共汽车回到鼓楼,下来到兴华旅馆取了十二万元,就回编译馆来,躺下睡了会。起来看《中西文化之交流》、《西域文明史概论》。晚饭只吃了几个小面包。吃完到晒台上去乘凉,公方苓来,十一点半才走。

十八日 早晨六点半起来,吃过早点,看《张骞西征考》。天

---

[1] 金兆梓(1889—1975),浙江省金华人。著名语言学家、文史学家。

气虽然不是太热，但闷得很，人只是昏昏的，真想睡，躺了会却又睡不着。一点吃了几个面包，躺下睡到两点多，起来天又热起来，看《张骞西征考》，翻看《文潮月刊》。七点同长之、励甫到玄武湖去，先到广东馆子里吃过饭，就雇了一只船，走向澳洲去。正是黄昏时分，天上的晚霞映到水里红得更可爱，下了船又到美洲去散了散步，回来九点半了。

十九日 早晨六点起来，吃过早点，看《中西文化之交流》。今天天气特别郁闷，其实并不太热，但人总仿佛喘不上气来似的，只是昏昏欲睡。在这种情形下，当然什么事情也不能作［做］。十二点多吃了几个烧饼，吃完就躺下睡。三点醒了一次，起来仍然是疲乏，于是又躺下，四点才起来。看《东西文化之交流》。七点同长之出去，到玄武门里一个馆子里吃了碗面，回来在晒台上乘凉。吴元亮来了，我们自己熬了锅绿豆汤，十一点多睡。

二十日 夜里睡得不好，早晨六点起来，洗过脸，写《忆章用[1]》。这篇文章在外国已经开始＜写＞了，写了好几年，一直到现在还没有写完，对我的精神是一个大的负担，我决意

1　章用（1911—1939），湖南善化人，生于英国。章士钊先生二子，在德国哥廷根大学修读数学、物理学、化学、哲学、拉丁文，是作者留德期间在哥廷根的好友。

现在写完它。十二点前出去买了几个面包，回来出了一身大汗，今天天气真可以说是热。吃过面包，躺下昏天昏地一直睡到三点才起来，热风吹来，仿佛是在炉子里。仍然写《忆章用》。六点幼平来坐了会，我们就到玄武湖去，雇了一只船绕澳洲一周。下船到美洲吃过晚饭，十一点回来。

二十一日　星期日

早晨七点前起来，刚洗过脸，吃过早点，外面就下起雨来，后来雨渐渐小了。我老早就想去看看陈寅恪先生，决意出发，在鼓楼找了辆汽车，到萨家湾下来，雨仍然没停。找到俞大维公馆，进去正有一个女孩子替陈先生念报，坐下谈了许多问题。我今天才知道，无怪人人都佩服陈先生，他确是真博。十一点半出来，步行到外交部对面，吃过午饭回来。出了一身大汗，躺下睡了会，起来写《忆章用》。五点半长之忽然提议去看电影，于是我们立刻出发，到新都去，片子是《纽约奇谈》，还不坏。八点出来，外面下着雨，幸而不久就停了。买了点吃的东西回来，吃完已经十点。

二十二日

夜里没能睡很好。早晨六点起来，吃过早点，八点半就出去。昨天《大公报》把我的论文《东方语文学的重要性》登出来了，我今天想去买几份昨天的报纸。结果一直走到大公报馆，买了几份，出来在街上慢慢走回来。出汗很厉害，真是如水泉一般。十一点半吃了几个烧饼，因为喝了咖啡，神经有点不安，躺下也没能睡好。两点多起来，看《东西文化之交流》。三点多下去洗了个澡，回来看了会报。五点同长之到门口去吃馄饨，回来煮了锅绿豆汤大家喝了阵，晚上外面大雨，真有排山倒海之势。

二十三日 早晨六点前起来，吃过早点，把《忆章用》写完，五年前就开始，现在终于写完了，真可浮一大白。今天天气不热，但仍郁闷，人只是想睡觉。一点吃了几个烧饼，煮了一锅绿豆汤，热热的喝了一碗，躺下睡到快三点，起来，写给俞剑华先生一封信。看《东西文化之交流》，看《沈从文自传》。七点同长之到丹凤街去，他去理发，我到经济园去吃晚饭，吃完一同回来，在晒台上坐了会。风很大。

二十四日 早晨六点前起来，我吃过早点，写《中国语里的借字》，预备把佛、菩萨一类的字都解释一下，这工作很有意义，同时又不难。九点前到中央大学去，找张凤宾。从门房跑到宿舍，又跑到大礼堂，终于还是在门房里找到他的房间号数。我们已经有十五六年没见面了。谈到十二点，到食堂吃过午饭，又回到他屋里谈到两点半才出来，到鼓楼邮局寄了封信。回到编译馆，洗了几件衣服，看了会报。晚饭只吃了一个烧饼，一块面包。吃完在晒台上坐了会，风很大。

二十五日 早晨五点多起来，先煮了锅咖啡，喝了半杯，抄《中国语里的借字》。吃过早点，到中央图书馆去，见到孙，到书库里看了看《大藏经》，正缺我要用的，上去查佛学字典。自己神经还没复元，一用心太专，头立刻痛起来。十一点半出来，到丹凤街经济园吃过午饭，回来，躺下睡了会。只是睡不熟，早晨用脑太过了。三点起来看报，看《沈从文自传》，抄《中国语里的借字》。晚饭只吃了一个馒头，晚上梅生来，谈到十点半走。

二十六日 早晨五点半起来，吃过早点。梅生来，同他到中央图书馆去，外面路上很难走，夜里雨下得很大。到了图书馆先看了会杂志，又借了《胡适论学近著》，看他关于《四十二章经》的一篇文章。十一点半出来，去理了理发，买了几个馒头回来，吃了两个当午饭，睡到三点起来，看《沈从文自传》。自己的神经这几个月似乎好了点，从昨天开始又坏了，头只是痛又昏。晚饭只吃一个冷馒头。吃完到晒台上去乘凉。

二十七日 早晨七点多才起来，吃过早点，励甫忽然提议上夫子庙去。我们立刻动身,到了鼓楼,下起雨来,幸而不久就停了。我们找到一辆汽车,一直坐到夫子庙。先到泮池书店去,替编译馆订了几部书,又出来各处逛,书铺子多数没开门。我们出来到街上看了几家,每人都买了几本。到太平路一家回回馆子吃过午饭,出来又沿了太平路逛旧书店,在大毒日头下走到新街口,坐上马车到鼓楼,步行回来。不久外面就阴起天来,立刻就来了雨,而且很大。看今天新买到的Thomas Mann[1]的 *Königliche Hoheit*[2]。煮了一锅绿豆汤,喝了两碗就作了晚饭,吃完长之忽然在外面喊,出去一看,东面长虹贯天,西面一片金光,中间却是灰云一堆,真是宇宙奇观。

二十八日　星期日

早晨六点多起来,吃过早点,写《老子在欧洲》。今天早晨躺在床上,忽然想到这题目,目的不过给读者一点智识,也可以说是常识,没有什么不得了。十二点多到街上买了点面包点心,回来吃过,躺下睡到快三点起来,仍然写《老子在欧洲》。外面忽然大雨倾盆,但不久又出了太阳。六点多幼平来,坐了会。我们一同出去到新安饭店去吃饭,吃完同长之回来,在晒台上凉快了会。

1　Thomas Mann：托马斯·曼（1875—1955）,德国小说家和散文家。1929年获得诺贝尔文学奖,是德国20世纪最著名的现实主义作家和人道主义者。
2　*Königliche Hoheit*：《国王的神圣》,托马斯·曼著。

二十九日 夜里梦非常多,没能睡好。早晨醒了,头昏眼花,只是不想起来,一直躺到七点多才起来。早点只吃了一个烧饼,吃完就出去,先到鼓楼邮局把稿子寄给《中央日报》,就到中央图书馆北城阅览室去。屈先生不在,我把《图书集成》借出来,看到十一点。出来回编译馆来,自己又病了,发烧,眼前发黑,吃了片Aspirin[1],躺下只是睡不着,起来写《东方语文学与中国》,是预备到中央文化运动委员会去讲的稿子,五点到丹凤街去送衣裳,买了几个馒头回来,吃了两个,在晒台上乘凉。

三十日 早晨六点多起来,吃过早点,就写讲演稿子:《东方语文学与中国》。在北面晒台上坐了会,外面也是热,屋里更不必说。将近正午的时候,人忽然难过起来,赶快躺下,午饭也不想吃。最初还不发烧,只是头痛而已,但愈来愈厉害,烧发得很高,躺在行军<床>上,左翻右翻,头仿佛有什么东西刺似的,苦不堪言。四五点钟的时候,忽然发起冷来,盖上毡子也还是冷,不久又变热,大概是疟疾无疑了。昏天昏地躺在床上,又睡不着,又有蚊子来咬,真是人间地狱。

---

1 Aspirin:阿司匹林。

三十一日 早晨起来,人似乎好了点,不过浑身仍然是没力量,头也照样昏痛。也没洗脸,也没吃早点,心里挂着演讲的稿子,挣扎着写了点。拿了床席子到外面晒台上躺了会,今天天气真热,简直有点受不了。十二点到宿舍里去拿了几本书,到街上想买点大米,没找到铺子就回来了。出了一身汗,午饭也没有吃,屋里又躺不住,自己大病之后,很容易出汗,背心全湿了好几次。在过道里随便看了点书,五点半出去到经济园吃过晚饭,买了点大米回来,煮了锅大米绿豆饭,梅生来,七点走。

八月一日 早晨七点起来,精神很好,洗过脸,到晒台上吃早点。吃完随便看了点书,午饭吃了一个多馒头,并没觉得什么异样,只是今天从早晨起头就痛,血直往里冲,万没想到自己真得了疟疾。吃完午饭,头就开始昏,躺下也睡不着,四点左右浑身发起冷来。还并不觉得怎样难过,后来又发热,热度大概最少四十度。用手一摸,仿佛摸一块热铁,自己在床上辗转呻吟,仿若有一只手枪我真<想>立刻自杀,其痛苦可知。后来又糊里糊涂睡去,身上汗如水流。

二日 夜里睡了点,早晨起来,宛如一梦。东西当然不想吃。在晒台上这里坐一会,那里站一会,精神依然委顿。头也还昏,午饭也没有吃。躺下想睡也睡不着。多少天来就没有正经吃饭,身体虚得很,作［做］点什么也是出汗,有时候什么不作［做］也出汗。六点半同长之到香铺营中央文化运动委员会去,今天是第一次文化讲课,由我主讲,讲题就是"东方语文学与中国"。听的人很多,只讲了一个钟头,几天没吃饭,再加上病,自己一点力量都没有,讲完同长之坐吉普回来。

三日 夜里只是睡不着,吃了一片安眠药。早晨六点多起来,洗过脸,八点出去,先到珠江路一个药房里买了点 Atabrine[1],坐洋车到大公报馆替长之买几份报,到新街口邮局把《大公报》寄来的稿费领出来,就到雅叙园去吃早饭,吃完回来。依然"逛神"一个,不想做事情。午饭没有吃,一到过午,心里就想今天又是疾病来的时候了,不知 Atabrine 力量如何。三点起,头忽然昏起来,心里大惧,以为又是那玩意儿,幸而没有发生,大概是被打败了。六点半到经济园去吃晚饭,吃完回来,梅生来。自己又伤了风,真是一波未平,一波又起,可认倒霉之至。

---

1 Atabrine:疟疾平,20世纪40年代末临床用于治疗疟疾的药物。

1946年

四日 星期日 早晨起来得比较晚一点,洗过脸,因为根本不饿,所以也没有吃早点。袁昌国来,是我高中教书时代的学生,谈了过去的事情,九点多告辞。今天热得离奇,大清早就不能做什么事情,只随便看了点不费力的书。十二点出去到经济园去吃饭,吃完回来,一身大汗,屋里热得坐不住,在过道里就地而坐看《苦竹杂记》。晚饭因为不饿,没有出去吃,实在也是怕那一身汗,晚上去晒台上乘凉。

五日 早晨六点多起来,仍然是不想吃东西,只喝了两杯龙井。今天似乎比昨天还热,大清早就令人喘不上气来。写□□□□□□[1],这是我最近才想到的一个题目。十二点出去到丹凤街经济园去吃饭,吃完回来,屋里已经热得坐不住了,拿了书到过道里去,看《苦竹杂记》,写□□□□□□[2]。晚饭因为又没有兴致吃,所以只吃了一个烧饼。梅生来,我们到晒台上去乘凉。公方苓来。今天月色美极。

六日 早晨起来洗过脸,也没有吃早点,就到山西路中央图书

---

1 日记原文此处空缺。
2 日记原文此处空缺。

馆去。今天天气之热为今年第一。先到屈先生<处>借出《大藏经》来，先把 Przyluski[1] 引用的地方同原文对了遍，自己对找 Cullavagga[2] V.33.1 的别本，把《摩诃僧祇律》翻了遍，翻得眼直痛，也没找到。结果在《毗尼母经》找到了，大喜过望。十二点到新安吃过午饭回来，热不可当，躺也不能躺，在过道里坐在地下，把《Cullavagga V.33.1 "sakā nirutti"[3] 之解释与巴利文佛典》写完了，一大快事！看《苦竹杂记》，晚饭根本不饿，所以也没吃。晚上外面有月亮，却又打闪。

七日　早晨六点起来，洗过脸，今天又没有兴致吃早点。写给汤用彤先生、贺麟[4]、潘伯棠各一信，写完就到鼓楼邮局寄走，天气已经开始热起来，回来是一身大汗。看了看报，到了正午，吃了几片面包，吃完躺下睡了会。起来，天气热不可当，拿书到过道里坐在地下看起来，仍然是热，外面蝉声更带来无量倦意。五点出去到丹凤街买了吃的东西，回来吃面包牛肉作晚饭。吃完不久梁实秋先生从四川带了家眷来了，稍微

---

[1] Przyluski：波尔洛斯基（1885—1944），法国研究佛教的著名学者。
[2] Cullavagga：巴利文《小品》。
[3] sakā nirutti：巴利文，意为"自己的语言"。
[4] 贺麟（1902—1992），字自昭，四川金堂人。哲学家、哲学史家、黑格尔研究专家、教育家、翻译家，现代新儒家的早期代表人物之一。1919年考入清华学堂，1926年赴美国留学，获哈佛大学硕士学位。1930年转赴德国柏林大学专攻德国古典哲学。回国后长期任教于北京大学哲学系，并在清华大学兼课。

谈了谈。今晚连点风都没有,坐在晒台上也像是在蒸笼里。

八日 早晨六点多起来,洗过脸,仍然不想吃早点。七点半就出去,步行到太平路,独立出版社还没有开门,到一个小馆里吃了点东西,又回去等了会才开,结果《文艺复兴》还没有到,空跑一趟,仍然又走回来。天热得要命,什么事也不能做,看了会报,看长之下棋。一点我们同梁先生全家到新安去吃饭,等到两点多才吃完。我、长之、励甫同梁先生的三个孩子到玄武湖去玩,雇了两只船一直玩到五点,一起回编译馆来,不久一阵暴雨。我今天吃西瓜太多了,不能再吃晚饭,晚上没有灯,十点就睡。

九日 早晨六点多起来,又是好天气,看看太阳头就痛。吃过早点,出去到中央研究院去看王静如[1],原来他还没来,到丹凤街去买了点东西就回来,汗像水流一般,回来也不能做什么事,又因为编译馆的大队人马就要来,自己大概在这里住不成了,心里有点发急。十二点吃了点面包火腿,躺下睡了

---

[1] 王静如(1903—1990),语言学家、历史学家、民族研究专家。1929年毕业于清华大学研究院,后赴法、英、德等国学习,研究语言学、中亚史语学、印欧语比较语言学及汉学等。回国后历任北平研究院史学研究所研究员和中法大学教授,燕京大学语言学教授和中国大学文学院研究院导师等。对吐火罗语有相当的研究。

点，一会就是一身汗，看罗莘田[1]《蜀道难》，二点又吃了点面包火腿。晚上梅生来，晧月当空，景色美极。

十日 早晨六点多起来，吃过早点，就同励甫出去，从中大经过，到了中央图书馆，我本来想去看蒋馆长，可惜他今天早晨刚走，同孙永龄谈了谈，就到太平路去，励甫去亨得利买了个手表，我们买了点零碎东西，到中国旅行社问了问就回来。今天可说真热，午饭吃面包牛肉，吃完没事也出汗，当然躺不下，在过道里坐下看 *Königliche Hoheit*。五点多幼平来，胡谈一阵，晚饭我们都吃面包。月色极佳，惟太热，一点风都没有。

十一日 星期日 夜里是今年第一个热的夜，早晨六点多起来，洗过脸又没吃早点，搬了把椅子到外面晒台上看 *Königliche Hoheit*。十一点觉得有点饿意，吃了点面包。十二点长之他们配给的东西领来，我们大吃一顿。吃完就躺下睡觉，外面忽然下起雨来，天气凉快了一阵。仍然看 *Königliche Hoheit*。到长之宿舍去整理箱子，又是一身大汗。晚饭仍然

---

[1] 罗莘田：罗常培（1899—1958），字莘田，号恬庵，笔名贾尹耕，斋名未济斋，北京人。语言学家、语言教育家。历任西北大学、厦门大学、中山大学、北京大学教授，历史语言研究所研究员，北京大学文科研究所所长。

吃面包，吃完仍然是一把椅子一本书，在晒台一坐一看。今天是旧历十五，好月亮。

十二日 早晨六点多起来，洗过脸，搬了把椅子到晒台上看 *Königliche Hoheit*。天有点阴，不算太热。十一点嘉谋来，我们分手已经十几年了。谈了谈别后的情况，十二点走了。吃了几块面包作午饭，吃完躺下睡了会，外面一阵大雨简直大得惊人。当时颇凉爽，过后仍是闷热。等他们吃完饭在晒台上同梁先生谈了谈，长之今天有演讲，但汽车只是不来。我们自己雇洋车去了，今天是暑期文艺讲演会第一次讲演，讲完到一个小馆里吃过晚饭回来。

十三日 早晨六点多起来，外面阴着天，一点也不热。自己心里觉得夏天真的已经过去了。洗过脸就同长之出去，先到中央大学，遇到凤宾谈了会。到门房去问汇条，说是刚转过来，这是北大给的路费，哲学家贺麟先生给寄到中大去了。到初大告[1]屋谈了半天，又同长之到太平路去，买箱子买表，坐洋车到鼓楼中国银行，也没有问出头绪。回来出了一身大汗，

---

[1] 初大告（1898—1987），山东莱阳人。1934年秋，赴英国剑桥大学学习英国文学、语音学。1938年回国后至1949年，历任河南大学英文教授、重庆复旦大学英文教授兼教务长、中央大学英文教授。

吃了几个烧饼，躺下休息了会，看了看今天的报纸。梁先生来，闲谈了半天。五点半凤宾来，我同他、长之到新安吃过晚饭，就到玄武湖去，雇了一只船，在薄暗中绕美洲一周，上了岸到美洲去喝茶，十点半进城，凤宾又回来编译馆谈到十一点半才走。

十四日 早晨六点多起来，洗过脸，仍然是不想吃什么东西。编译馆的大队人马就要奔来，我们也住不长了。今天我开始往庚岭路宿舍里搬，来回搬了几次书。十一点嘉谋来，我、长之就同他到玄武湖去玩，先到又一村吃过饭，坐着喝茶休息，忽然来了一阵大雨，打在远处的荷叶上如万马奔腾，非常雄壮，雨滴在湖面上也别有意味，今生还是第一次看湖上的雨。我们又到美洲公园去逛了逛，五点才回来。晚饭只吃了两片面包，煮了锅咖啡，同梁实秋先生在过道里闲谈到十一点半。

十五日 早晨六点多起来，洗过脸，到宿舍里去收拾了收拾。九点同长之到中央大学去问汇条，出来到一个小馆里吃了点东西，我就一个人坐车到白下路中国银行去。他让我到鼓楼中国银行去问，鼓楼中国银行又让我到中央大学去，结果是回去终于把汇条拿到手了。回到编译馆吃了点面包，躺到桌子上睡了会，起来更是无聊，看 *Königliche Hoheit*。晚饭也只吃了两片面包，吃完同长之、励甫、梁太太和小孩子们到玄武湖去。今天晚上招待盟军，但是我们没有条，不许进美洲公园。在湖面乱走了一阵，最后雇了两只船，划到荷花丛里去，觉得非常可爱，但天上忽然打起闪来，我们怕下雨，立刻上岸回到编译馆来。

十六日 早晨六点多起来，洗过脸，看了会书，就同长之到中央大学去，到事务处盖了一个印。我们就分手。我自己坐车到鼓楼中国银行去把钱领出来，到一个小铺里吃了点东西，就回编译馆来，人很倦，午饭只吃了几片面包。吃完躺下睡了会，起来写给叔父、汤锡予先生、贺自昭先生各一信，头忽然昏起来，我怕疟疾又要发作了，赶快吃了片 Atabrine 就躺下。头仍然昏，晚饭也没有吃，一直糊里糊涂躺到九点多，睁眼一看天已经全黑了。

十七日 早晨六点多起来，洗过脸，看了会<书>，就出去坐洋车到萨家湾去看陈寅恪先生，他的太太和小孩子来了，没能谈什么话，只看太太写了封信，已经十一点了。出来坐洋车想去看静亭，洋车走错了路，后来还是下车自己找到的。他不在家，我出来到新安吃过午饭，就回编译馆来，躺下休息了会。四点多同长之、励甫出去，坐公共汽车到新街口，下了车到中央日报领出稿费来，就到大华去看电影，片子是有名的莎翁名剧《亨利第五》，五彩的，非常满意。看完到小苏州吃过晚饭，慢慢走回来。

十八日 早晨六点多起来，吃了一个干烧饼，看 *Königliche Hoheit*。人似乎又病了，只是恹恹的，一点精神都没有。结果糊糊涂涂的过了一早晨。午饭只吃了点干面包，一碗麦片粥，躺下想睡一会，又发了毛病睡不着。想看点书，头里昏昏的，连看报纸都费力，自己害怕疟疾又犯了，赶快吃了半片 Atabrine，头仍然是昏痛，躺在桌子上，浑身觉得不舒服。他们吃过晚饭都在晒台上乘凉，我也出去坐到十点，人似乎凉爽了一点。

十九日 早晨六点半起来洗过脸，吃过早点我到宿舍里去，长之让工友搬书，我就整理，据说他们大队人马今天来，我们只好搬出来了。十二点多似乎有饿意，但打开一盒罐头只吃了几口就饱了，不想再吃了。想睡一会，头又痛起来，自己现在真是疾病缠绵，心里有说不出的难过。五点出去，在太阳下非常热，到宁静里找到静亭，谈了谈别后的情形，六点约他到新安去吃饭。吃完在街上散了散步，一同回到编译馆，

1946年

在晒台上乘凉了会，他走后，我们就回宿舍里来。

二十日 昨天夜里又是蚊子，又是臭虫，我一夜没有睡一点，起来了几次，把Irmgard[1]写给我的信看了几遍，这美丽可爱的女孩子！早晨洗过脸，吃了两个烧饼，就出去从鼓楼新街口走到太平路买了一只皮箱，到老乡亲买了点牛肉，就提了箱子走回来，路太远，天气又热，箱子又沉，到家真疲倦得连腿都抬不起来了。吃了几个烧饼夹牛肉当午饭，躺下睡了会，也没十分睡，起来看报，看 *Königliche Hoheit*，收拾箱子，屋子里面极热，身上直出汗。五点又吃了两个烧饼当晚饭，长之到下关去了，只我一个人在家，非常寂寞无聊。黄昏的时候，蚊子成阵，在身边乱飞，十点前睡。

二十一日 早晨六点多起来，洗过脸，吃过早点。据说他编译馆大队人马今天要来，我不愿意在这里趁热闹，就出去到新街口买了点东西。回来放下，又在大毒日头下，到鸡鸣寺去。今天天真是热，汗流不止。喝了一杯茶，吃了一碗素面，坐着也觉得无聊。又出来，到山后面来。正午的时候，太阳像火一般，不知到什么地方去好。这里坐坐，那里站站，终于

---

1 Irmgard：伊姆加德，作者留学德国时校友田德望房东迈耶家的大女儿。

又走到鼓楼，到鼓楼饭店去喝了一瓶汽水，又出来站在街上，茫然不知所之。五点回来，他们已经到了，同李伯母谈了谈，请她到新安去吃了顿晚饭，回来不久就睡。

二十二日 早晨七点前起来，吃过早点走到外交部附近，雇了洋车，到萨家湾去看陈寅恪先生，坐了会就出来了，坐公共汽车回来，午饭吃了几片饼干。在午饭前，我们这里宾客盈门，先是宗白华先生来，又跟着教育部派人送留学生国文试卷来。吃过午饭，躺下睡到四点多才起来，到鼓楼邮局寄了封快信给汤锡予，到丹凤街去理发，理完就到经济园去吃饭，吃完回来，在门口坐着乘凉。

二十三日 早晨六点多起来，洗过脸，吃过早点，到馆里去打了个电话给陈寅恪先生，俞大纲还没来。回来随便乱看了一阵书，十二点只吃了几片饼干当午饭，今天比昨天还热，躺下，一想睡着就是一身汗，起来坐着也还是流汗。五点同长之到中大去看组缃，他九月初随冯玉祥到美国去。六点长之、组缃、罗招泽同我出来到夫子庙元华春去，想替组缃饯行，但元华春满了座，我们终于到了金粉酒家吃了顿很丰盛的晚饭。吃完谈了会，又同长之逛了个旧书摊才坐公共汽车回来。

二十四日 早晨六点多起来,洗过脸,吃过早点,就到编译馆去。我们今天开始看留学生试卷,我看<到>了一点钟,就出来到鼓楼邮局寄了封信。又坐公<共>汽车到萨家湾去看陈寅恪先生,把胡适的信交给他,同俞大纲谈了谈轮船的事情。出来仍然坐公共汽车回到鼓楼,步行到编译馆,仍然看卷子。两点半吃午饭,吃完仍然看,这工作真要命,文章都是又臭又长,看了令人昏昏欲睡。五点半停下休息,七点同长之到玄武湖去,吃过晚饭,雇船绕澳洲一周,十点回来。

二十五日 早晨六点半多起来,洗过脸,吃过早点就到编译馆去,开始看起卷子来。十一点静亭同一位冯先生带了庞浩来,我领他们到宿舍里坐了会就走了,仍然接着看。五点大家停下来,我回宿舍休息了会,晚饭也没有吃,只吃了几块饼干,吃完躺了会,出去到兴华旅馆去想把俞先生的稿子拿出来,但箱子都锁了。只好出来,到洗染店拿出衣服就回来。

二十六日 早晨七点前起来,洗过脸就到编译馆去,吃了两个烧饼,就开始工作看卷子,这工作真不容易,看半天看不到一篇满人意的。大多数是垃圾一堆,又臭又长。十二点半停下休息了一会,一点去吃午饭,吃完回到宿舍里谈了会,又回去。看到四点多的时候,头脑里有点糊涂起来,别人也同我一样,所以不到五点就停下来,回到宿舍来,躺下休息了会,打开箱子找了本书,晚饭只吃了几片面包。

二十七日 早晨六点半起来洗过脸,吃过早点就到编译馆去,开始看卷子,愈看愈头痛,这一般【班】留学生国文程度真有点要命。十二点半停下,休息了会,就吃午饭,吃完屋里热得不得了,在门外面楼道里站了会,又回去看卷子。屋里又闷又热简直有点受不了。五点同长之、励甫到鼓楼去,雇了辆汽车,到新街口下来,步行到莫愁路看了两家旧书店。走出水西门,一直走到莫愁湖,风景真不坏,可惜太荒凉了。又进城一直走到夫子庙,到泮池书店看了看,出来到一个馆子里吃过晚饭,坐公共汽车回来。

二十八日 早晨六点半起来,洗过脸,吃过早点到编译馆去看了点卷子,就出去到中国旅行社去问车票的事情。回去又看卷子,二点前吃过午饭,回到宿舍去收拾箱子,把大箱子都捆好,小的也料理清楚,又回去看卷子,天仍然是热不可当。六点我们到玄武湖去,有幼平、励甫、长楫、李伯母,他们替我饯行。先坐船逛了一周,荷花正盛间,美极。在美洲公园吃过晚饭,回来已十点多。

二十九日 早晨快到七点才起来,洗过脸,吃过早点,到中国旅行社买了张车票,就坐汽车到萨家湾去看陈寅恪先生,谈了半天,才辞了出来。回到宿舍休息了会,又到编译馆去看卷子,吃过午饭,又回去休息了会,仍然回来看卷子。梁实秋先生忽然接到电话,他明后天就要去北平,定今天夜车赴沪,我们大家都扫了兴,便停下工作,谈了会。又到宿舍作[做]最后整理,买了两个面包在编译馆,草地上吃过晚饭,九点前汽车来,幼平、励甫、长之送我到下关去,十点车开。

1946年8月30日—1946年9月20日

上 海

三十日 夜里在车上只睡了很少的觉,早晨六点多到上海,下了车把行李存在车站上,就雇洋车去找克家,到了他的住处,他刚起来洗了洗脸,吃过早点,同君川到车站把行李取出来,雇了辆马车,拉回来,洗了一个澡,换了换衣服,坐洋车到九江路花旗大楼去到联大复员办事处去登记。把一切办好,一点前回来。同克家、组缃、流沙、叶以群[1],到一个饭馆里去吃饭,吃完回来,大家躺下休息了一会。五点同克家、组缃出去看郭沫若,不在家,又去看茅盾,结果看到了。出来同克家到一个小馆子里吃过晚饭,回来,杨晦[2]来,谈了会,同他去看叶绍钧,我对这位老先生真是景仰,今天才会到,九点多回来。

三十一日 早晨七点起来,洗过脸,吃过早点到厦门路工务局机械场去看士心,谈了谈别后的情况,他领我参观了下修理场。同外国工厂比起来规模真小得可怜。从他那里坐洋车到上海美专去看俞先生,不在,找到他家里,只有他太太在,坐了会。出来到四马路会宾楼去吃过午饭,就回来,躺下睡了半天。起来,看了点杂志,六点到外面买了点烧饼油条回

---

[1] 叶以群(1911—1966),原名叶元灿、叶华蒂,笔名以群,安徽歙县人。文艺理论家。曾任《北斗》、《上海文学》、《收获》等杂志的主编或副主编。1947年在上海创办新群出版社,出版文艺类丛书。
[2] 杨晦(1899—1983),原名兴栋,后改名晦,辽宁辽阳人。现代作家,文艺理论家。1946年任教于上海幼稚师范专科学校。

来，吃完克家同组缃回来，组缃就睡在这里。

九月一日　星期日
早晨七点前起来，洗过脸吃过早点，九点多士心同菽君来，我们坐在走廊上，谈了谈别后的情况。快到正午的时候，我们一块出去，到新利饭店吃过午饭，在街上乱走了一阵。想回来，觉得屋小人多，非常不方便，就找了个咖啡馆喝了几瓶汽水，坐下谈到三点多才分手，他们坐洋车回去了，我也就回来。不久骆宾基[1]来，我们四个，组缃、克家、宾基和我一同到郑振铎先生家里去，他们吃晚饭，同座的还有楼适夷、杨晦、李健吾，吃得谈得都很痛快，九点钱钟书去了，此公一如当年，谈锋很健，九点多我们就辞了出来。

二日
早晨六点半起来，洗过脸，吃过早点，就坐洋车到九江路清华同学会去，那里还没开始办公。坐了会，觉得无聊，出来到金城银行去看辛笛，〈他〉还没有去，又到丰业营业大楼去看伯棠，也没遇到，就坐洋车回来，休息了会。立刻又同克家、君川、流沙回到外滩，〈到〉新关码头预备送组缃，等了半天不见人去，到处打听，也没有结果，我坐洋车先回来。今天真是无比的热，躺在席上只是流汗。午饭也没有吃，

1　骆宾基（1917—1994），祖籍山东平度，生于吉林珲春。作家。1940年代，他辗转于桂林、香港、重庆、上海等地从事文学活动。

只是躺着休息。过午洗了个澡，俞晶来，谈到五点多走。我出去买了点牛肉烧饼，回来饱餐一顿。热得只是流汗。九点多杨晦先生来，谈到十一点半才走。

三日 早晨十点起来，洗过脸到外面去买了几个烧饼油条，今天才是真热，在南京过夏天还没有这样热过，躺在席子上，只是出汗，午饭也没出去吃，只买了盒罐头，几个烧饼，饱餐一顿。吃完躺下睡了会，汗像水似的流，连一点风都没有。五点多黄碧野、冯丰村来看克家，克家留下他们吃晚饭。吃完我去洗了个澡就出去，杨晦先生想领我去逛公园，出去找了半天，没找到他的住处，只好回来。不久，杨太太来，谈了会就走了，我们不久也睡下。

四日 早晨七点起来，洗过脸，吃过早点，翻看上海的报纸。有一位女客来访克家，我穿好衣服，到街上乱走了一阵，把皮鞋后跟修理了一下，回来看骆宾基《罪证》。十二点多我们在家吃烧饼，吃完躺下休息了会，又有一位男士带了太太来访克家，我又穿上衣服到外面去散了散步。回来同流沙、君川谈了谈，一看晚报，说是联大服务处让每个登记的人今天去办完手续，立刻出去坐洋车到花旗大楼，把手续办好。到会宾楼，喝了两瓶汽水吃了顿晚饭，就到俞先生家去，同他父子到公园去散步,里面风景还不坏。八点半回到他家,拿了钱就坐洋车回来。

五日 夜里好像病了似的,浑身倦倦的,也没能睡好,早晨八点才起来,洗过脸,吃过早点,看今天新来的报纸,消息天天一样,令人看了气短,十二点流沙出去买了烧饼,我们大家一起吃过,躺下睡了会。起来洗了一个凉水澡,看骆宾基《罪证》。晚饭我们自己煮了点面条,吃完同克家、流沙去看杨晦先生,他出去吃饭,等了会,他才回去。我们一同出来到虹口公园去散步,今天月亮特别亮,我们绕公园一周,出来到一个小咖啡馆喝了点东西,回来已经十一点多了。

六日 早晨七点多起来,洗过脸,吃过早点,出去到大街上逛了逛,想看一看金子的价钱,不久就回来了。十二点出去买了点大饼烧饼,我们自己做饭,炒豆角,炒鸡子,痛痛快快吃了一顿,刚吃完施蛰存[1]、李白凤[2]来,谈了会就走了。我们

---

1 施蛰存(1905—2003),名德普,常用笔名施青萍、安华等,浙江杭州人。中国现代作家、文学翻译家、学者。
2 李白凤(1914—1978),原名李爱贤,笔名鹁衣小吏、李白朋、李逢、李木子、石山长。祖籍北京,生于四川,定居开封。我国现代的著名学者、书法家、篆刻家、作家、诗人、教授。1946年至1949年,在上海财政局任职,并积极从事文学艺术创作,发表大量的文章,经常和臧克家等同志参加各大学的诗歌朗诵会。

就躺下睡午觉,夜里受了凉,现在又给风一吹,起来就觉得浑身发冷,恐怕是打摆子,赶快吃 Atabrine,果然是摆子。冷过后就发热,幸而不十分太厉害,一直躺到九点人才清醒。

七日 早晨七点多起来,人似乎清爽了点,早点只吃了半个烧饼,就不想再吃了,十点坐洋车到联大服务处去,让我过午再去,就步行回来。俞剑华先生在家里等我,谈了会,他请我和克家到宇富饭店去吃午饭,吃完又回来坐了会才走。躺下休息了会,又坐洋车到联大服务处去,把票领出来,回来同流沙去看电影《红粉金戈》,演的居然还不坏,实出我意料,回来人非常疲倦,不想吃东西,躺下就睡。

八日 一夜没有睡觉,早晨虽然睡不着,但头痛眼花,躺到八点半才起来。早点也没有吃,因为明天就可能上船,所以勉强出去买东西。到冠生园去买了盒饼干,里面人挤得要命,出来后头昏眼花,雇了车回来,结果是把七万元忘在车上,回来就躺下。十二点同克家出去喝了两碗稀饭,回来仍然躺着,但又不能睡真是苦极。五点杨慧修先生来,六点我请他同克家到新利去吃晚饭,吃完又回来谈了会才走。

九日 夜里睡得很好，早晨起来，克家的太太和他的弟弟来了，我也慌了一阵。九点出去，步行到联大服务处去问船期，今天又不能上船，真令人心急欲炸。出来到冠生园去买了点东西，回来，流沙请吃午饭，吃完天热得要命，坐在那里也是流汗，想不到中秋节还会这样热，午觉还没能睡。晚饭我们等到七点，正要出去，克家太太回家来，于是大家就在家里吃，吃完谈了会，我到流沙的屋里来睡。

十日 早晨很早就起来，洗过脸，吃过早点，就坐洋车到联大服务处去，船又改到十四日，心里真急，但又没有办法。出来把俞先生给的钱买成金子，一等等了一个钟＜头＞才拿到手。到杏花楼买了几盒月饼，坐洋车到俞先生家送他们一盒，他们坚留我吃午饭，我吃了点就出来。坐洋车回来，看陈寅恪师《隋唐制度渊源略论稿》。今天是旧历中秋，我同克家出去买了瓶酒和菜，向晚的时候，大家在流沙屋里坐下，大吃大喝。我从来还没有喝过这样许多酒，吃完头晕得睁不开眼，躺在那里，神志极清明，只是睡不着。

十一日 一夜翻来覆去，等于没睡，早晨起来头仍然晕，胃里仍有呕意，想不到酒竟这样厉害，以后要小心。今天天气热得奇怪，早晨没出去，看陈寅恪师《隋唐制度渊源略论稿》。十二点多又是郑曼[1]自己做饭，吃得很痛快，吃完躺下想睡，也睡不着，躺着看《隋唐制度渊源略论》，过午也没有出门。中秋节后，还有这样热天真是前所未有，晚饭又是自己做的。吃完到下面院子里，同克家坐了半天。天上有月亮。

十二日 夜里又吃安眠药，但也没能睡好，早晨一起来就觉得热不可当。洗过脸，吃过早点，看陈寅恪《隋唐制度渊源略论稿》。午饭又是郑曼自己做，吃完躺下休息，他们有事情都出去了，我一个人在家里糊里糊涂睡到快五点才起来。今天早晨又到联大服务处去问过，船仍然不知道什么时候开，心焦如焚，简直不知应该怎样好了。吃过晚饭，闲谈了会，就躺下，但人来人往，只是睡不着。

十三日 夜里又吃安眠药，半夜里流沙领了孙岭同来，搅得我好久没有睡着。早晨七点多起来，洗过脸，出去买了点东西，克家送他太太上车，回来我们一同吃过早点，看《隋唐制度渊源略论稿》。十二点在克家屋里吃午饭，吃完躺下睡了会，起来两点半出去坐洋车到联大服务处去问船，又让我明天过

1　郑曼（1919—2009），浙江台州人，资深出版人，臧克家夫人。

午去问。回来看《隋唐制度渊源略论稿》。晚饭又在克家屋里吃,吃完闲谈了会,就躺下。蚊子太多,只是睡不着。

十四日 夜里又吃安眠药,早晨七点起来,洗过脸,到克家屋里去吃早点,吃完回屋来躺在席子上看《隋唐制度渊源略论稿》。人又头昏眼花,不知道是什么原因。十二点到克家屋里去吃午饭,吃完回屋。想睡一点,但无论如何也睡不着,只随便躺了半天。天忽然阴起来,不久就下起雨来,凉风吹来,颇有秋意。四点到联大服务处去问船,已决定后天开,立刻就坐车回来,看晚报,晚饭又在家里吃的,吃完不久就躺下。

十五日 夜里睡得很好,早晨八点才起来,洗过脸到外面去买了几个烧饼油条,回来吃过,看《隋唐制度渊源略论稿》。又出去了一趟,买了点饼干罐头,回来休息了会。午饭同克家、孙岭到外面烧饼铺去吃,回来躺了会。流沙从杭州回来,谈了谈他们的游踪,令我想到自己十多年前杭州之游。转眼又到了吃晚饭的时候,孙岭要替我饯行,我们四个,克家、流沙、孙岭就一同出去到北平饭铺去吃饭,吃完回来,就躺下,但只是睡不着。

十六日 虽然吃了安眠药,但等于一夜没睡,五点半起来,收拾好就同克家雇洋车到外滩码头去,有的联大同学已经到了,码头上照例是乱哄哄的,不久又下起雨来,拼命把东西拉上小船,站在雨里,一直淋到小船开近 Helga Moller[1],上大船又是乱成一团,Helga Moller 是装煤的船,大舱里全是煤米,到处漆黑,但也没有好办<法>,只好找了一个地方铺上席子,一切都任其自然吧!过午才开船,走到黄昏才出江口,自己把领到的罐头拿出来打开饱餐了一顿,就到舱里去睡。

十七日 夜里睡得很好,早晨起来爬到甲板上洗过脸,吃过早点。闲着没事就看海,海我真可以说是已经看够了,有浪的时候,令人讨厌,没浪的时候,却又让人觉得平板单调,我真不喜欢海。午饭又到甲板上去吃,也没有什么口味。过午的时候,浪渐渐大起来,我在甲板上有点站不住了,赶快跑下大舱里去躺下。坐了几个月的船,现在一上船,仍然是昏,真莫名其妙。晚饭一点都没有吃,吐了几次。

十八日 夜里风浪更大起来,自己躺在铁板的地上,成了一只南瓜,来回地滚,睡得居然还不错。但胃里仍然翻腾,只是

---

1 赫尔加·莫勒号,作者当时所乘的船。

静静地躺着，一点也不敢动，一动就会吐出来的。糊里糊涂躺了一天，心里在想到世界上一切可以吃的东西，但在这时候，自己却连一样都不想吃了。向晚的时候，胃里又难过起来，终于再也压不住，吐了几次，因为胃里根本没有东西，吐的只是苦水，吐完仍然静静地躺着。

十九日 夜里风浪也还不小，早晨船似乎平静了点。勉强挣扎起来，爬上甲板，外面风和日丽，海水是绿的，左边可以看到山东半岛。坐在太阳<下>沉思静观，现在再一想到大舱，简直就是一座坟墓，黑、脏，到处是煤、灰，一呼吸不知道吸进多少煤灰去，自己居然在里面躺了两天，简直连自己都认为不可能了。午饭也不想吃，身体忽然又疲倦起来，只好下舱去躺下。躺了一过午，晚饭也没吃，只吃了几个橘子。

二十日 夜里四点就起来，把行李收拾好，到甲板上去等着看日出。船靠了岸，开滦派人来照料，上岸的时候，照例是闹嚷嚷乱成一团。坐小火车进城，开滦在一个大饭馆里招待午饭，三四天没吃饭，现在一吃可真好吃。吃完到开滦小学去住，休息了会。一个人到秦皇岛旧城去闲逛，没想到秦皇岛竟这样繁华，金珠店、洋货店一概俱全，回到那大饭馆吃过晚饭，仍然是开滦招待，慢慢走回开滦小学去睡。

1946年9月21日—1947年7月15日

北 平

二十一日 昨天在饭馆子里喝了茶,结果是失眠一夜。五点起来轮班看行李,同姜秉权先生谈了半天。吃过早点,叫了辆洋车,把行李放上,同姜到车站去,九点多车开。沿路每一个站都有碉堡,守卫森严,令人胆战,在车上几乎每站都买东西吃,以唐山烧鸡为最好。九点五十分到北平,我在黑暗中,看到北平的城墙,不知为什么,忽然流下泪来。北大派阴法鲁[1]、孙衍昹,到车站上去接,坐汽车到沙滩红楼住下。

二十二日 夜里虽然吃了安眠药,但仍没睡好,早晨很早就起来了,洗过脸,到外面澡堂去洗了一个澡。回来,阴同孙在这里等我,我们一同出去到一个小馆里喝了一碗豆浆,吃了几个烧饼,阴就领我去看汤锡予先生。我把我的论文拿给他看,谈了半天。临出门的时候,他告诉我,北大向例(其实清华也一样)新回国来的都一律是副教授,所以他以前就这样通知我,但现在他们想破一次例,直接请我作正教授,这可以说喜出望外。又同阴到东昌胡同去看傅孟真[2]先生,他正

---

1 阴法鲁(1915—2002),山东肥城人。北京大学中文系教授。著名古典文献专家,音乐史、舞蹈史专家。
2 傅孟真:傅斯年(1896—1950),字孟真,山东聊城人。著名历史学家,古典文学研究专家,教育家。曾任北京大学代理校长、"国立"台湾大学校长。

要出门,在院子里坐了会。就出来坐洋车到国会街去取行李,取了回来,到理学院对面小馆里吃过午饭,回来躺下无论如何也睡不着。起来整理了下书籍,步行到东安市场去,别来十一年,市场并没改变,看了看旧书摊,忽然头昏起来。买了点吃的东西就回来,吃完就睡。

二十三日　夜里仍是失眠,早晨七点起来,洗过脸到外面去吃早点的时候,遇到阴,一同吃过,就到他的宿舍里去,谈了谈他的研究范围,去了许多他的朋友。十一点到院长家去见汤先生,他领我到校长室去见胡适之先生,等了会,他才去。同他对面谈话,这还是第一次,我只觉得这声名大得吓人的大人物有点外交气太重。在校长室会到杨振声[1]、朱光潜[2]、邓恭三[3],出来吃过午饭,回来躺了会,又出去雇洋车到国会街取箱子,刚回来,汤先生来谈了半天我的研究计划。他走后,我就出去,

---

1　杨振声(1890—1956),字今甫,山东蓬莱人。现代著名教育家、作家。1938年任西南联合大学常务委员会委员兼秘书长、中文系教授,后任西南联大叙永分校主任、中文系教授。1946年负责北京大学北迁筹备工作,并任教。同年与沈从文、冯至合作编辑《现代文录》,主编《经世日报·文艺周刊》。
2　朱光潜(1897—1986),笔名孟实、盟石,安徽桐城人。美学家、文艺理论家、教育家、翻译家。
3　邓恭三:邓广铭(1907—1998),字恭三,山东临邑人。历史学家。1936年毕业于北京大学史学系,留校任北京大学文科研究所和史学系助教。1943—1946年任复旦大学副教授,1946年到北京大学执教,曾为历史系主任。时任校长室秘书。

到那小馆吃过晚饭，就去找蒋豫图，一直谈到八点才回来。

二十四 夜里睡得意外地好，早晨七点起来，洗过脸，到外面吃过早点，就到大学图书馆去。我想看一看究竟有些什么书，尤其是关于梵文的。结果，虽然找到几本可用的书，但大体说来，总还是太少。出来坐洋车到东长安街邮局去送了几封信，到买旧东西的摊子那里去看了看，外国人回国的很多，东西不能带都卖掉了，结果就形成了这些摊子。到大陆银行，领出稿费，到市场去买了个热水壶，就到东来顺去吃饭，羊肉作得真好，心里大乐，真觉得北平是世界上最好的住家的地方了。回来躺下休息了会，到院长家去了趟，回来看吐火罗文，想念 Brāhmī 字母[1]。五点到中老胡同看沈从文先生，谈了会。坐洋车到帅府胡同去替幼平送东西，回到理学院对面的小馆里，吃过晚饭，就回来。

二十五日 夜里睡得还好，早晨天刚明就起来了。洗过脸，出去吃过早点，回来看了会书。九点到文学院长办公室去，汤先生还没有去。我就到图书馆去看阅览室，十点前又回去，汤先生拿给我几卷西藏文佛经看，我劝他买下来，在那里遇

1　Brāhmī 字母：一种发源于北印度的音节字母，吐火罗文最初是由这种字母书写的。

到姚从吾[1]。出来就到北平图书馆去,丁浚先生领我到书库里去参观,这里的梵文巴利文的书都不少,是我万没想到的。又到楼下去会了一位彭先生,是蒙古人,他专管西藏文蒙古文佛经,也会一点梵文。一点前出来,到理学院对面小饭铺吃过午饭,就回来躺下休息了会。四点出去先到东四邮局寄了几封信,就到马大人胡同去看姚从吾,一直谈到快天黑才出来。到东四一个饭馆里吃过晚饭,到市场去逛旧书摊,居然买到一本 *Buddhist Mahayana*[2]。大喜过望,另外又买到 *Thomas Mann*[3] 的 *Buddenbrooks*[4],回来就睡。

二十六日 早晨七点前起来,没有出去吃早点,只在家随便吃了点东西,十点到文学院长办公室去看汤先生,谈了谈我的研究计划,范围放得太宽了,原来他只是想替学生要一个课程表。出来去看杨丙辰[5]先生,他被人家给戴上了一

---

1 姚从吾(1894—1970),河南襄城人,中国历史学家。1922年夏,由北京大学选派赴德国柏林大学留学,1929年,任波恩大学东方研究所讲师。1931年,任柏林大学汉学研究所讲师。1934年夏回国,受聘为北京大学历史系教授,1936年兼历史系主任。
2 *Buddhist Mahayana*: *Buddhist Mahayana Texts* 的简写,《大乘佛教经文》。
3 Thomas Mann: 托马斯·曼(1875—1955),德国作家,于1929年获诺贝尔文学奖。
4 *Buddenbrooks*: 中译《布登勃洛克一家》,是德国作家托马斯·曼早期写的一部长篇小说。
5 杨丙辰(1891—?),河南南阳人。1913年留学德国,30年代初为清华大学外国语文系教授,是作者的德文老师。

1946年

顶汉奸的帽子，一肚子牢骚。说起来如悬河泻水，一直到一点半才乘机辞了出来，到骑河楼清华同学会去了趟。买了几个烧饼回来，吃了当午饭，吃完研究汤先生给我看的那张功课表。三点到会计处去领钱，让我五点前去拿支票。回来躺下休息了会，五点前又回去把支票领出来，就到中老胡同去看朱光潜先生，坐下谈了谈，又去看冯至[1]，六点出来到那小饭铺里吃过晚饭。遇到阴法鲁，同他到理学院等他吃完饭，一同到他屋里去，看汤先生让我看的唐代卷子。谈到八点多回来。

二十七日

早晨六点就起来，七点多出去到一个小摊上，站着喝了杯豆付【腐】浆，就到清华同学会去等汽车。八点车开，闷在里面什么也看不到，九点前到清华园，一别十一年，今又重逢，心里心绪万端。先到新南院五十二号去替陈寅恪师看房子，又到办公处同何汝楫谈移入后家具问题。清华并不像报纸上登得那样破坏得厉害，这也是一点安慰。出清华到成府去看佟忠良，他还在地里作工。我找到他同他谈了谈陈先生的近况。步行到海淀，坐洋车到西直门，上电车的时候，

---

[1] 冯至（1905—1993），原名冯承植，字君培，河北涿州人。现代诗人、翻译家，教授。1930年底至1935年6月留学德国，获得哲学博士学位，回国后任西南联大外语系教授。时执教于北京大学西语系。

钢笔被扒去,它随我十六年,走了半个地球,替我不知写了多少万字,今一旦分离,心里极难过。到四牌楼吃过午饭,坐洋车到中国银行汇家三拾万元,到琉璃厂商务去买了几本书。又到东安市场买了一只Parker51[1],作为今天损失的补偿,六点前回来,随便吃了点东西当晚饭。

二十八日 早晨七点起来,洗过脸,出去吃过早点,回来写给陈寅恪师一封信,开始写下学年研究计划。十点前到图书馆去,进书库里去查书,主要是看关于佛教方面的书,并把唐写本《妙法莲华经残卷》同大正新修《大藏经》对了下。十一点多回来,接着写研究计划。十二点出去到理学院对过小馆里去吃过午饭,回来躺下休息了会,起来把研究计划写完。五点去找阴同孙,谈了会。六点我们到东安市场去,我请他们吃涮羊肉,已经十几年没有吃了,真可以说是天下绝美。吃完同阴买了点东西,一同走回来。

二十九日 星期日 早晨七点起来,洗过脸,吃了几块干点心,抄下学年研究计划。九点多去找阴,问他邓恭三的住址,说是在东昌胡同一号,去了,他已经出去了。从那里又到内

---

[1] 派克51钢笔。

务部街去看梁实秋先生，走进大门，一看门上糊了白纸，心里一惊，一打听，原来他父亲死了，我于是也没有进去。就到市场去，看了几个旧书摊，买了几本书，到润明楼吃过午饭，就步行回来，躺了会也没能睡着。刚起来吕宝东来，胡谈八扯，一直到六点他才走，我也出去又回到市场买了份《世界日报》，仍然回来，吃了两个小面包当晚饭，因为没电，就躺下。

三十日 早晨七点多起来，洗过脸，吃了一个小面包。没有出去吃早点，念 *Tocharische Sprachreste*[1]，主要目的在研究 Brāhmī 字母。九点到图书馆去查书，十点去看汤先生，不在，回来看书看到十一点，又回去，同汤先生谈了谈东方语文系的课程。出来到图书馆要了个借书证，借了三本书，出来到景山居饭馆去吃午饭，吃完同杨翼骧[2]一同回来，到我屋里谈了会才走，躺下睡了一觉，起来看今天新借到的书。五点出去到景山附近散了散步，买了几个烧饼回来。吃过，休息了一会，刘□□[3]来找，一直谈到九点多才走。

---

1 *Tocharische Sprachreste*：《吐火罗语残卷》，西克（Sieg）、西克灵（Siegling）合著。
2 杨翼骧（1918—2003），山东金乡人。教授，史学史专家。时任北京大学史学系助教、讲师。
3 日记原文此处空两字。

10月

十月一日　早晨七点起来，洗过脸，吃了几块饼干当早点，念 *Tocharische Sprachreste*。九点到国立北平图书馆去，又见到丁瀞先生谈了谈借看善本书的规矩，我自己把 Oldenberg[1] 编的 *Vinaya Pitakam*[2] 借出来，把 Cullarvagga V.33.1 抄下来。下楼的时候，遇到隋树森[3]，谈了会就出来，到景山居吃过午饭，回来躺下睡了会，起来看了点书，心里乱得很。四点多出去散了散步，回来的路上遇见杨丙辰先生。回来吃了几片饼干，自己根本不想吃东西，把老舍的《骆驼祥子》看完。

二日　早晨不到六点就起来了，洗过脸，看 Copleston, *Buddhism*[4]。心里直恶心，不想吃东西，九点汤锡予先生来，同他到办公室请他给我写了个保证书，就到图书馆去替东方语文系开书单，这书单还真不好开，因为目录是分年编的，十一点我就坐车到国立北平图书馆去，找到丁瀞先生，也不得要领。一点前回来，人直想作呕，不想吃东西，躺下休息

1　Oldenberg：奥登伯格，全名赫尔曼·奥登伯格（Hermann Oldenberg），德国学者。
2　*Vinaya Pitakam*：巴利文《律藏》。
3　隋树森（1906—1989），字育楠，祖籍山东招远，生于北京。元曲研究专家。
4　*Buddhism*：雷金纳德·科普尔斯顿（Reginald Copleston）所著《佛教：源起与现状，在摩揭陀和锡兰》*Buddhism: Primitive and Present, in Magadha and in Ceylon*。

了会。起来，杨翼骧同李炳泉¹刘时平²来，请我作《益世报》的特约撰述。他们走后我又到图书馆去，有些书的价钱还是没法确定，只好回来。二点到市场去，买了本书，到润明楼去，崔金戎请客，同请的有朱光潜先生，陈乐桥还有一位救济分署署员，吃完饭，同朱先生一同回来，风大，很冷。

三日 早晨七点前起来，洗过脸，吃了几片饼干，念 Tocharische Sprachreste。九点半隋树森来，我们一同出去，我先到院长办公室，把书单缴给汤先生，就同隋到隆福寺去。这是一条有名的旧书店街，我以前还没有来过，我因为钱已经不多了，不想再买书。但一看到书就非买不行，结果又买了两万元的书，旧书真便宜得要命，其实不够纸钱。他们自己也说，看着书卖出去，心里真痛，不卖又没钱吃饭。一直看到两点还没完，我到一个饭馆里吃过午饭，就回来，看了会书。四点到图书馆去看报，忽然看到《益世报》上登了一篇访问我的记录，我于是就到市场去买了份《益世报》，不由不到书摊上去看了趟，结果又买了一本。决意十天不上馆子，

---

1 李炳泉（1919—1969），山东济南人，曾就读于西南联合大学地质系、复旦大学外文系，时任《益世报》记者。
2 刘时平（1915—1999），内蒙古包头人。1946年毕业于西南联合大学历史系。时任北平《益世报》采访主任。

只啃干烧饼。回来吃了几块饼干,因为没有电,很早就躺下。

四日 早晨七点多起来,洗过脸吃了几片饼干。自己有许多信要写,但却懒于动笔。今天决意清理一部分,于是就开始写。九点半出去,走在太阳里,觉得浑身舒服,到东四邮局送了几封信,又到一家旧书店去看了看,没买什么,仍然回来,肚子里饿得很,吃了几个烧饼,就着花生米,也算解决了午饭。又写了两封信。十二点半到图书馆去看了会报,到阅览室去念荻原云来[1]《实习梵语学》,念得有点头痛。三点到文学院新楼去看了看,回来看《文艺时代》,《东南日报文史》。邓恭三来谈,他走后,我也出去到景山居去吃了碗挂面,回来看了会书,屋里冷得受不住就躺下。

五日 早晨六点多起来,洗过脸,看了会书,出去吃过早点,回来坐下想看书,但屋里是真冷,无论如何也坐不下去,拿了书到图书馆去。坐在太阳里看 Copleston *Buddkism*,念《实习梵语学》。十一点回来看了看报,十二点一刻到理学院去吃饭,据说家伙不全,不能开,出来到景山居吃完。一点同孙衍畎坐大汽车,先到哈德门外一个玻璃工厂去参观吹玻璃,这还是生

---

[1] 荻原云来(1869—1937),日本净土宗僧人,佛教梵语学者。

平第一次见。看完又坐汽车到北大梵学院去，看了看大礼堂宿舍，又到日本人创立的新市区去参观，房子挺整齐只是太低，太单调，也不见得美。再看房子里面，地板门窗都让我们大国民拆掉去烧了火。四点多又坐车回来，出去洗了个澡。六点多到理学院去吃过晚饭，回来写了封信，就睡。

六日　星期日

早晨六点多起来，洗过脸，吃了几个花生当早点，看了会书。九点多出去到东城去访崔金荣，不在，就去找姚从吾，我很喜欢他，健谈，直爽，不装模作样。我本来预备回来，但他非留我吃午饭不行，吃完同他的小女孩玩了会，就同他出来到中德学会去。这里房子很好，很整洁，书也不少，尤其是普鲁士学士院的刊物让我动心，现在却没有人管了。德国现无力出钱，中国也没人出，无论什么事情一到坏中国人手里准糟。从那里出来一同到前圆恩寺〈胡同〉去看毛子水[1]、郑华炽[2]，谈到四点出来。坐车回来，看了会报，

1　毛子水（1893—1988），名准，字子水，以字行，浙江衢州人。1920年毕业于北京大学，留校任史学系讲师。1922年与姚从吾等人同赴德国入柏林大学专治科学史，1930年回国任教于北京大学史学系，讲授科学史、文化史等课程。1932年担任北京大学图书馆馆长。

2　郑华炽（1903—1990），广东中山人。光谱学家、物理教育家。1928年毕业于南开大学，获得理学学士学位，同年赴德国留学，1930年到哥廷根大学进修量子力学理论。1934年在奥地利获工学博士学位。1935年回国，1936年在北京大学物理系任教。后历任西南联合大学物理系主任、北京大学教授，时兼任北京大学教务长。

六点到理学院去吃饭,吃完到豫图家去看长之,他昨天刚到,但没有人在家,回来长之却在这里等我。谈到九点,又陪他出去走到景山才回来。皓月当空。

七日 早晨六点多起来,洗过脸,吃了几个花生当早点,看了会书,八点到图书馆去,念《实习梵语学》,看 Copleston *Buddkism*,十一点回来。看到汤先生的条子,就到院长办公室去,他告诉我,他刚同胡适之先生谈过,让我担任新成立的东方语文学系的主任,我谦辞了一阵,只好接受。同姚从吾回到屋里,看了看我带来的书,十二点他走,我就同杨翼骧到理学院去吃饭。吃完回来躺下想休息一会,但神经很兴奋,只是睡不着。三点半到豫图家去看长之,同他到国立北平图书馆去,丁先生领我们看了看书库,出来到北海去玩了玩。已经十一年没来了,外面也没什么改变。六点回到豫图家,不久就吃晚饭,吃的是炸酱面,其味绝美,谈到八点半回来。

八日 早晨六点就起来了,洗过脸,看了会书,出去吃早点的时候,遇到阴法鲁。吃完就到图书馆去,念《实习梵语学》,九点多回来,看了会报。十点阴法鲁来等长之,长之只是不来,他就走了。十点半长之来,我们一同坐洋车去看梁实秋先生，谈了会，出来到东安市场东来顺，我请他吃涮羊肉，吃完就去看旧书摊。我买了本逸见梅荣著的《印度美术史》。从市场走到隆福寺，到文渊阁去，长之想买泷川的《史记》[1]，没买成。一同回到红楼，阴法鲁、杨翼骧都来谈。长之走后，我到朱光潜先生家送下报纸，就到理学院去吃饭，吃完到东华门大街去理发，生了<一>肚子气，理完回来已经七点半。

九日 早晨七点前起来，洗过脸，吃了几个花生米，就算吃了早点。写了封信，念《实习梵语学》。九点半汤锡予先生来，把东方语文学系的卷宗都带给我，谈了会就走了。我也出去到东四邮局送了两封信，到王府井大街擦了擦皮鞋，回来看了会报。十二点到理学院去吃饭，吃完回来，躺下休息了会，想睡一点，但睡不着。只好起来，三点到松公府孑民先生纪念堂去开教务会议，见了胡适之先生，他又不认识我了。讨论大一课程问题和青年翻译官入学问题，五点半散会，同姚从吾走了段，回来坐了会，就到理学院去吃饭，吃完回来八点睡下。

1　指日本汉学家泷川资言（1865—1946）编撰的《史记会注考证》，此书是继三家注之后，对《史记》研究成果最重要的总结和梳理，集《史记》问世以来，两千年来注家、学者对其研究之大成。

十日 今天是双十节,早晨七点前起来,洗过脸,又是吃花生米当早点,吃完写给俞晶一封信。九点前到松公府前面去等汽车,遇到清华同学徐仁,一同<坐>汽车到国会街去参加北大开学典礼。十点开始,胡校长发表演说,很精彩。十一点半散会,同姚从吾出来,找了个小馆随便吃了点饭,就到西单商场去逛旧书摊,结果买了本 Reichelt[1] *Truth and Tradition in Chinese Buddhism*[2],一本梶芳光运《原始般若经の研究》,一本《学文》第一期,有我的散文《年》。一直逛到三点半才分手。我步行到汤先生家去,看他收藏的巴利文书籍,五点回来,休息了会。六点到理学院去吃饭,吃完到阴法鲁屋里去闲谈,九点多才回来。

十一日 早晨六点半起来,洗过脸,又是吃花生当早点。八点到图书馆去,看了会杂志,找到余先生,商量要一间研究室。回来给长之打了个电话,让他来,不久他来了,我们就去看俞平伯先生。谈了会出来到东安市场去吃涮羊肉,这东西真是天下绝美,百吃不厌。吃完又去逛旧书摊,本来不想买什

---

1 Reichelt:艾香德(Karl Ludvig Reichelt,1877—1952),挪威传教士,民国时期来到中国,是一位深受佛教影响的人物。
2 指《中国佛教的真理与传统:中国大乘佛教的研究》(*Truth And Tradition In Chinese Buddhism: A Study of Chinese Mahayana Buddhism*)

1946年

么书，因为钱已经快光了，结果仍然买了几本。三点分手，回来人非常倦，躺下休息了会。起来写给郑西谛先生一封信，看《文艺复兴》。六点前到理学院去吃饭，吃完同萧厚德到他屋里去谈了会才回来。

十二日 早晨六点就起来了，洗过脸，看了会书，七点半到外面小铺里吃过早点，就到图书馆去借出了《燕京学报》，开始写《学术研究的一块新园地》。十点多到楼上见到余先生领了一把钥匙，我在图书馆里要了一间研究室，到研究室里去看了看，就回来看了会报。十二点前到理学院去吃饭，吃完回来。躺了会照例睡不着，两点多起来，又到图书馆去，借出了《大师［唐］三藏法师玄奘传》，四点坐公共汽车到东西［四］去看常风瑈[1]，一直谈到五点多又坐公共汽车回来，到理学院吃过晚饭就回屋来。

十三日 星期日 早晨六点起来，洗过脸，吃了几个花生当早点，就开始抄《学术研究的一块新园地》。以为长之不久就可以来，一直等到十点多还不见来，于是我就一个人到松公府去看杨振声先生，谈的非常痛快，十一点回来，长之已经

---

1 常风瑈（1910—2002），字镂青，笔名常风，山西榆次人。1929年秋考入清华大学外国文学系，1946年至1952年在北京大学西语系任教，是"京派"重要作家、书评家。

来了。我们一同去看邓恭三，不在，我们就到东四去，找了一个饭馆，吃过午饭，坐电车到天桥下了车，到天坛去。我以前在照片看到许多次了，每次都忍不住惊叹。现在真地〔的〕来到了，看到一切比照片上还要伟大千倍，我真觉得这是世界上最美的建筑，没有法子来形容，我们徘徊在里面，胸膛里凭空仿佛充满了什么，恋恋不忍离开。出来又到天桥市场去逛了逛，便坐电车回来。六点前去吃饭，吃完到阴法鲁屋里去闲谈，八点半回来。

十四日 早晨六点起来，洗过脸，根本没吃早点，就开始抄《学术研究的一块新园地》，抄完就到图书馆去，念了点《实习梵语学》，写《关于北大东方语文学系》。十点半回来一趟，不久又回到图书馆去，十二点前到理学院吃过午饭，回来洗了洗手，又到图书馆去，写《关于北大东方语文学系》。自己现在有了一间研究室颇为方便，下午有太阳，这是宿舍里没有的。四点回来，不久李炳泉来，谈了会，把那篇文章给了他。五点半到理学院去吃饭，又出了问题，厨子只是煮不出面来，大家乱成一团，八点才吃完，到阴法鲁屋里去闲谈，九点半回来。

十五日 早晨六点半起来,洗过脸,没吃早点,自己的钱又快光了,只好让肚子受点委屈。八点多到图书馆去,写《关于北大东方语文学系》,念《实习梵语学》。九点多周祖谟[1]先生去谈,他是中国音韵学专家,不过自谦得太厉害,令我不好意思。他走后我就出来到后门去买了两瓶酒,到豫图家去为他父亲祝寿。同长之谈了谈,就回来到理学院吃过午饭,回来坐了会,又回到图书馆去写《关于北大东方语文学系》,念《实习梵语学》。四点去访从文,不在,就回来。五点半到豫图家里,他们让我回去吃晚饭,今天是正式的酒席,菜都作[做]得很好,吃完谈到九点回来。

十六日 早晨六点半起来,洗过脸,吃了几个花生当早点。写了两封信,出去送了,就到图书馆去,念《实习梵语学》。十点前出来到外交部街去看阎故声,他昨天来看我,我不在家。谈到快十一点出来,就一直走回来。休息了会,到理学院去吃饭,吃完就到图书馆去,休息了一会,写《关于北大东方语文学系》,念《实习梵语学》。三点半到东安市场去买了份《大公报》,胡适之编的《文史周刊》今天创刊。回来看《文史周刊》,人非常疲倦。六点前到理学院去吃饭,吃完回来。正

---

1 周祖谟(1914—1995),字燕孙,北京人。中国文字、音韵、训诂、文献学家。时任北京大学中文系教授。

在看着书的时候,忽然又停了电,就摸索睡下。

十七日 早晨六点起来,洗过脸,看了会书,八点前出去吃早点,遇到阴法鲁,吃完就到图书馆去,写给 Prof. Waldschmidt[1] 一封信,到文学院长办公室去找汤先生,不在。回来遇到路上,同他谈了谈课程问题,就到国立北平图书馆去,见了蒙古彭先生,问他藏文《方广大庄严经》的书经,他也不清楚,就回到图书馆来,写《关于北大东方语文学系》。十二点到理学院吃过午饭,回来休息了会,又到图书馆去,写《关于北大东方语文学系》。四点到中老胡同去看从文,又没遇到,回来接到安平索稿的信立刻作复。六点前到理学院去吃饭,吃完同大家到阴法鲁家里去闲谈,九点才回来。

十八日 早晨六点半起来,洗过脸,又没吃早点,看了会书。八点到图书馆去,把《关于北大东方语文学系》抄完。到教务处把课程表缴上,回到图书馆,找到余先生,想把《大正新修大藏经》借到研究室里去。他领我去同彭鉴先生谈,彭先生原来留日研究梵文和印度哲学多年。刚回到研究室,彭鉴

---

[1] Waldschmidt:恩斯特·瓦尔德施米特(Ernst Waldschmidt,1897—1985),德国佛教、印度学家。1935年作者留学德国哥廷根大学,从恩斯特·瓦尔德施米特教授学梵文、巴利文和佛学。

1946年

先生就去谈，口若悬河，滔滔不绝，一直到十一点半才完。我连忙看了点书，十二点到理学院去吃完［饭］，吃完回到研究室，睡了会，醒来心里又乱起来。回到宿舍来看Copleston *Buddkism*。四点多长之来，我们到松公府找到孙衍昹，同他一同到市场去。今天高中同学聚餐，我先同长之去看了看旧书摊，才到东来顺去，同学到的不少，大半都是七八级的，吃完谈到九点才分手，我同阴法鲁、杨翼骧走回来。

十九日 早晨六点多起来，洗过脸，什么也没吃，看了会书。八点就到图书馆去，念梵本《方广大庄严经》，只感到工具书不够用，连一本巴利字典都没有，彭先生又领我到上面借了两部佛教大辞典。十二点到理学院去吃饭，吃完回来休息了一会，到秘书处去填了个表，算是报了到。三点多去找长之，同他出来坐公共汽车到前细瓦厂<胡同>去看王静如，谈到五点多。出来步行到前门，又转弯一直走到天安门，从那里再往东走，在一个小摊上每个人吃了两碟地瓜。又到另一个摊上，吃了碗炸丸子，算是解决了晚饭，到豫图家谈到八点多回来。

二十日 星期日 早晨不到六点就起来了，洗过脸，出去吃了碗豆浆，两个烧饼回来。长之来，坐了会同他到中老胡同去看沈从文,一直谈到十点多才出来。到松公府去看杨振声,谈了会,到校长室去看邓恭三,谈到十一点半。出来到一个小铺里吃过午饭,就步行到中山公园去。别来十一年,不见一点改变。找了个桌子坐下喝了点茶,就去看《新民报》主办的画展,第一展览室奇糟,到水榭看徐燕荪[1]个人画展,非常满意。又去看《新民报》第二展览室,是西洋画,更糟,展览字的屋子也不见佳。最后到美术家协会画展去看,还不坏,出来分手。我坐洋车到东四去看姚从吾,不在家,就回来,休息了会,看了看报。六点前到理学院去吃饭,吃完回来。八点多王森田[2]来,我们预备让他在东方语文学系作[做]事,谈到十点才走。

二十一日 早晨六点半起来,洗过脸,吃了几个炒栗子当早点。八点到图书馆去,念梵本《方广大庄严经》。九点半到文

---

[1] 徐燕荪(1899—1961),原名徐存昭,斋号霜红楼、寒水堂、归燕楼等,河北深县人。擅长中国画,许多作品被美术馆与博物馆珍藏。原北京中国画院副院长,中国美术家协会会员。
[2] 王森田:王森(1912—1991),字森田,号雨农,河北新安人。现代著名藏学家、宗教学家、因明家、古文字学家。1931年考入北京大学哲学系,学习印度哲学和佛教哲学,师从汤用彤、周叔迦先生。1935年毕业后留校做汤用彤的助手,1946年任北京大学文学院东语系讲师,后历任北京大学、中央民族学院教授、中国社会科学院民族研究所、世界宗教研究所、中国藏学研究中心研究员等。一生专治藏传佛教、藏传因明学和藏族史,精通梵、藏、英、日等文字。

学院长办公室去见汤先生，谈了谈王森田的事情。回到研究室又念《方广大庄严经》。到书库去查了几本书，十二点到理学院去吃饭，吃完去看了看报，回来坐了会，到东安市场去重刻了一块图章，看了看旧书摊。三点到翠花胡同北大文科研究所去开会，出席的是文科研文所的委员会，五点散会。回来看了会书，六点到理学院去吃饭，吃完到阴法鲁家去谈天，八点多回来。

二十二日 早晨六点半起来，洗过脸，吃了几个栗子当早点。八点到图书馆去，念《方广大庄严经》，九点半回来，立刻就出去到骑河楼清华同学会。长之已经在车上，我也上去。十点半多到清华，先到图书馆三院各处看了看，破坏得真不成样子，三院几乎完全没有了。又到新大楼宿舍里去看了看自己住过的房子，不胜今昔之感。到兴华食堂吃过午饭，先去看张季，他同梅校长都不在。又去看吴晗，谈了会，他也把费眉喊了过去。闲谈到一点多，吴陪我们去找朱自清，他原来还没有搬过去。我同长之就到校门口坐上汽车，两点半回到骑河楼。回来喝了点水，立刻又到松公府去开教务会议，快到六点才散，到理学院吃过晚饭，到孙衍昹屋去看他哥哥，说了会就回来。

二十三日 早晨六点半起来,洗过脸,也没吃早点,八点多到灰楼东方语文学系办公室去看了看。出来到华北居士林去看王森田先生,他居所藏书很多,颇为羡慕。七点同他回到灰楼,规定了下办公时间,领他看了看书库。他刚走,彭先生就去找我,送给我他作的诗词,谈了会就走了。十二点到理学院吃过午饭,回来坐了会。回到图书馆研究室,念《方广大庄严经》,三点半到东安市场去买了份《大公报》,回来看报,写信。五点半到理学院去吃饭的路上,遇到长之,同他到一个小饭馆里吃过晚饭,又回来坐了会,他才走。

二十四日 早晨六点半起来,洗过脸,没有吃早点,就到豫图家去取箱子,坐三轮回来,箱子上了铁条开不开。九点到下面去开会,讨论联大东西的分配,北大、清华、南开都有代表参加,挤满了一屋。同陈福田[1]谈了谈,陈福田说清华本来替我预备一个德文教授的位置,现在我既然来北大,只好作罢论了。梅校长主席讨论到十一点,没有什么结果,散会。费眉到我屋里来坐了会。十二点到理学院去吃饭,吃完到图书馆去看了看报,到研究室念《方广大庄严经》,写给Prof.

---

1 陈福田(Fook-Tan Chen,1897—1956),出生于夏威夷,外国语言学家、西洋小说史专家。1923年起执教于清华大学。曾任清华大学外国语言文学系主任、西南联合大学外文系主任。

Haloun[1]一封信。五点前回来，看了会书，写给纪凤之一封信。六点前到理学院去吃饭，回来看旧笔记，都是自己抄的，八点睡。

二十五日 早晨六点多起来，洗过脸，没吃早点。看了会书，八点到图书馆研究室去，念《方广大庄严经》。王森田去，谈了谈他访美的情形。他走后，我到阅览室去查书，想把关于《儒林外史》的那篇文章完成。十二点到理学院去吃饭，吃完回来，盖了一个图章，到松公府把领薪水的单子交给阴法鲁，就到研究室去，仍然念《方广大庄严经》。又到书库去查关于《儒林外史》的材料，才发见[现]有一部分材料别人已经发见了，心里很难过。回来看《徐孝穆集》。六点前去吃饭，下着雨，回来到石峻屋去闲谈，十点回来。

二十六日 夜里风大，很冷，早晨六点半起来，洗过脸，喝了碗开水。八点到图书馆去，把写给Prof. Haloun的信抄好，九点多回来。等王静如，他只是不来，我又回到图书馆，冯至去谈，十一点前王静如去，冯先生就走了。同王谈了半天吐火罗问题，十二点同他出来，分手到四牌楼，买了点栗子给

---

1 Haloun：古斯塔夫·哈隆，作者留德初期时任哥根廷大学汉学研究所所长，后任教英国剑桥大学。

姚从吾先生的小孩子，他请我吃午饭。今天同请的人颇多，有毛子水、冯文潜[1]、邓嗣禹[2]，还有几位南开的教授，饭很好，吃完又喝茶闲谈，三点多同毛、冯出来，走到红楼，冯先生到我屋里坐了会才走。我到图书馆研究室去看了会书，五点回来，看克家寄来的《侨声报·副刊》，六点前到理学院去吃饭，吃完就回来，外面非常冷。

二十七日　星期日　早晨七点前起来，洗过脸，没吃早点，写给叔父一封信。屋里非常冷，简直冻得手足麻木，写字都感到不方便。十点邓恭三来，告诉我，陈寅恪师已经到了北平，当天就迁到清华去了。他走后，我再也受不住，出去到太阳里去站了会。十二点到理学院去吃饭，吃完回到屋里，仍然是受不住，又拿了本书到操场旁边太阳里去。三点前回来，任继愈[3]、阴法鲁、杨翼骧相继来，我们一同出去逛小市，

---

[1] 冯文潜（1896—1963），字柳猗，河北涿县人。早年曾留美，后为南开大学外文系教授、校图书馆馆长、天津市历史博物馆馆长，是周恩来在南开中学时的同学，冯至的叔叔。

[2] 邓嗣禹（1905—1988），字持宇，湖南常宁人。汉学家，历史学家。1932年毕业于燕京大学，后留学哈佛大学，与林语堂、陈寅恪等同为哈佛燕京学社成员，师从著名汉学家费正清先生，于1942年获博士学位。

[3] 任继愈（1916—2009），山东德州人。著名哲学家、宗教学家、历史学家，国家图书馆名誉馆长。1938年毕业于北京大学哲学系。1939年考取西南联大北京大学文科研究所第一批研究生，师从汤用彤和贺麟教授。1942—1964年在北京大学哲学系任教，历任讲师、副教授、教授。

买了床褥子,坐洋车回来送下,又回去到车市市场取出图章来。到东来顺去,阴同杨请我同任氏夫妇吃饭,吃完回来到阴屋里去闲谈,九点回屋。

二十八日 早晨七点前起来,洗过脸,八点多就到景山前去等汽车到前门下车,步行到西交民巷中国银行去,汇了十万元给叔父,又到邮政局寄了几封信到欧洲去。到北京饭店法文图书馆去看了看书,他那里关于梵文和印度的书居然很不少,挑了两本,钱不够,答应他下午再去就回来。到东方语文学系办公室,去同王森田先生谈了谈,到图书馆研究室去看了会书,十二点到理学院去吃饭。吃完,到研究室坐了会。一点多坐洋车到北京饭店去拿书,一本是 *Buddhism in Translation*[1],一本是 *Buddha's Teachings*[2]。回来又到研究室去写《大学外国语教学法刍议》。四点回来,从文来,谈闲话,我把印度美术书籍,拿给他看,这是一位很可爱的人。他走后,我不久也到理学院去吃饭,吃完同阴法鲁、王金钟来我屋里闲谈,八点他们走。

二十九日 早晨七点起来,洗过脸,吃了几个花生当早点,看

---

1 *Buddhism in Translation*:亨利·克拉克·沃伦(Henry Clarke Warren)所著《佛学的翻译》。
2 *Buddha's Teachings*:《佛陀的教诲》。

了会书。九点前出去到魏家胡同去看长之,他新搬了家。谈到十点回来,到文学院长办公室去看了看汤先生,又到东方语文学系办公室去坐了会,就到图书馆研究室去念《方广大庄严经》。十二点到理学院去吃饭,吃完回来,看报,两点前李炳泉同杨翼骧来,谈了会就走了,我又到研究室去念《方广大庄严经》。四点多回来,看了点杂书,六点前到理学院去吃饭,吃完回来看 Dua Aspests of Mahāyāna Buddism[1]。

三十日 早晨六点半起来,洗过脸,八点前到图书馆研究室去,念《方广大庄严经》,屋里很冷,自己又没有衣服,真有点难过。十点半到北楼东方语文学系办公室去,同王先生谈了谈,十一点多又回到研究室。十二点到理学院去吃饭,吃完回来了趟,立刻又回到研究室,写《大学外国语教学法刍议》。三点出去买了份《大公报》,回来放下,又出去到□□街[2]去逛市场,买了床毡子,坐车回来,看了会书。五点半到豫图家去,长之生日,他请我们吃面。谈到八点同长之出来到杨丙辰先生家里去看看,九点半回来。

三十一日 早晨六点半起来,洗过脸,看了会书,八点到图书

---

[1] Dua Aspests of Mahāyāna Buddism:《关于大乘佛教的两个方面》。
[2] 日记原文此处空两格。

馆研究室去，念《方广大庄严经》。十点到北楼东方语文学系办公室，看《摩尼教入中国考》。不久胡适之先生去，他刚从南京回来，说了几句话，就走了。我拿出关于Cullavagga V.31的那篇文章，看了一遍，添写了一段。十二点前到秘书处去了趟，出来就到理学院去吃饭。吃完回来，立刻又回到图书馆研究室，但心里只是安不下。两点出去到前细瓦厂<胡同>王静如家去拿书，谈了会。出来到西单买了点水果，坐洋车去看汤锡予先生，他有病躺在床上。谈了会，回来，六点前到理学院去吃饭，吃完到阴屋里去闲谈，九点回来。

十一月一日 早晨不到六点就起来了，外面还没亮。洗过脸，看了点书，七点半出去吃了点早点，就到图书馆研究室去，念《方广大庄严经》。张光奎同刘次元去，张原来是译员，现在要入北大念梵文。我拿了证件到教务处去问，郑先生到国会街去开会，我就到东方语文学系办公室去。看《摩尼教流行中国考》[1]。十二点到理学院去吃饭，吃完回来拿了报就回到图书馆研究室去。休息了会，张光奎又去，谈了会就走了，念《方广大庄严经》。四点到教务处见了郑华炽先生谈了谈，回来写了一段《胭脂井小品序》的跋。六点前，到理学院去吃

---

1 原文如此，两次书名不同。

饭，吃完回来看Meillet[1]，*Einführung in die vergleichende Studie der indoeuropäischen Sprachen*[2]。

二日 早晨六点半起来，洗过脸，吃了许多花生为早饭，八点到图书馆研究室去，念《方广大庄严经》，九点半张光奎去，我告诉他我见郑教务长的经过。我领他到松公府看了看布告就到北楼东方语文学系办公室去，看周祖谟先生送给我的《读书周刊》。十二点到理学院去吃饭，吃完回来，把《胭脂井小品序》的跋写完，就出去坐车去看长之，把稿子交给他，谈了会。出来到东四送了封信，坐公共汽车到东安市场去，看了看旧书摊，拿了三本以前订下的书。四点多回来，看《西域南海史地考证译丛续编》，六点前到理学院去吃饭，吃完回来，看《南海史地考证译丛》。

三日 星期日 早晨快到七点才起来，洗过脸，看了会书，八点前出去吃了点早点，遇到阴法鲁，回来拿了书就到图书馆去，预备第一年梵文的讲稿，看《佛游天竺记考释》。十一点回来，崔金荣来谈，到十二点才走，我连忙赶到理学院去

---

1 Meillet：安东尼·梅耶（Antoine Meillet，1866—1936），法国语言学家，研究领域遍及希腊语、拉丁语、日耳曼语、凯尔特语、波罗地语、吐火罗语等诸多领域。
2 《印欧系语言比较研究导论》，安东尼·梅耶著。

吃午饭，以为晚了，其实还没开饭。吃完回来，石峻[1]、王金铣、杨翼骧到我屋里来玩，我请他们吃花生。他们刚走，我就出去，到市场附近理了理发，理完买了份《大公报》就回来，看了会报，崔金荣又回来，说北大聘他作讲师。他刚走，长之来，我同他出去到大学食堂去吃饭。吃完他坐车走，我也就回来，看报，看《佛游天竺记考释》。

四日 早晨快到七点才起来，洗过脸，吃了点花生当早点。八点到图书馆研究室去，念《方广大庄严经》，到书库去看了看，上去同毛子水先生谈了谈，把全套《大正新修大藏经》借到研究室去。看着把书运去排好，就到东方语文学系办公室去，常凤瑑在那里等我，谈了半天闲话。他走后，不久我也出来到理学院去吃饭，吃完回来，洗了洗手，又回到研究室看了点书。两点前到北楼去，今天本来我有课，《方广大庄严经》汉梵藏本之研究，本来不预备有学生，果然没有，大喜。回到研究室念《方广大庄严经》，四点回来。不久就出去坐公共汽车到西四，步行到常镂青家去，他请我吃晚饭，同请的有田价人[2]、王森田，吃的烤牛肉，很好，谈到九点多才出来，

1　石峻（1916—1999），湖南永州人。著名的中国哲学史专家、佛学家、教育家。1934年考入北大哲学系，1938年留校任教，担任其导师汤用彤的助手。
2　田价人（1904—1997），又名田绪范、赵范。

外面没了车,步行回来。

五日 早晨七点起来,洗过脸,仍然是吃花生当早点,八点到图书馆研究室去,下了一夜雨,现在还没有停,念《方广大庄严经》,十点到北楼东方语文学系办公室去,看 Mocdonell Jauskrit Srassencar,吴晓铃去,谈了会,十一点我下楼去上汤先生的魏晋玄学研究,十二点下课,到理学院去吃饭,吃过午饭,回来看了看报,又回到研究室,雨仍然没停,天昏地暗,人一点兴致都没有。到书库里去查了查书,五点回来,六点到理学院去吃饭,吃完回来,到任继愈屋里去坐了会,八点多回来。

六日 星期三 早晨七点前起来,洗过脸,八点到图书馆研究室去念《方广大庄严经》,十点到北楼东方语文学系办公室去,随便看了点带去的书。十二点到理学院去吃饭,吃完回来,洗了洗脸,休息了会,到图书馆研究室去看了看。两点到北楼去上第一堂梵文,居然有两个学生,一个女生,一个男生,都是四年级,我随便谈了谈,因为联大学生还没有搬来,就没有正式讲功课。三点下课回到研究室,看了点书。六点前到理学院去吃饭,吃完回来,看报,看书。

1946年

七日 早晨七点起来,洗过脸,吃了点花生,八点到图书馆研究室去,念《方广大庄严经》,九点多出去到骑河楼清华同学会。去赶汽车,路上遇到王森田。十点半到清华,下了车一直到陈寅恪先生家里去,在那里遇到余冠英[1]、许骏斋[2],一直谈到十二点多才出来。到校长办公室,梅校长又不在那里,到华兴食堂吃饭的时候,遇到毕树棠[3]先生,他请我吃午饭。吃完又到大门口去上汽车,车上遇见Prof.Winter,一直谈了一路。在西单下车,到□□□[4]去修理了下钢笔,坐洋车到中国银行,想去取钱,但没有图章,就坐车到北京饭店去,Vetch同那俄国人都不在。出来到王府井大街去取洗好的衣服又回去,同Vetch谈了半天,他非常拉拢,知道我在北大任教,想介绍一个教东土耳其语的人。五点多坐洋车到理学院吃过晚饭,刚回来,孙福堂来,谈了会就走了。

八日 早晨七点起来,洗过脸,写给婉如、延宗一封信。七点

---

1 余冠英(1906—1995),江苏扬州人。中国古典文学专家。1931年毕业于清华大学,后在清华大学、西南联大等校任教。
2 许骏斋:许维遹(1900—1950),号骏斋,山东威海人。著名语言文字学家、古籍研究专家。1932年毕业于北平大学中文系,后任教于清华大学。
3 毕树棠(1900—1983),山东文登人。曾在清华大学图书馆、清华文学院任职,埋头于清华图书馆工作60余年,被清华师生誉为"活字典"。
4 日记原文此处缺字。

半出去吃了两个烧饼,喝了一碗豆腐浆,就到研究室去,念《方广大庄严经》。九点到北楼去听汤先生的课,但是他没去,就到系办公室去,写《论翻译》。十二点到理学院吃过午饭,回来看了看,又回到研究室去,念《方广大庄严经》,写《论翻译》。四点前回来,接着写,五点半到理学院去吃饭,吃完回来,看报。

九日 早晨六点就起来了,洗过脸,吃花生当早点,看了会书。八点出去到故宫前门去坐汽车到前门,下了车,步行到中国银行去取了十万块钱。坐洋车到北京饭店法文图书馆去看了看,买了本 *Meghadūta*[1]。坐洋车回来,到系办公室去,看 *Meghadūta* 的英文序,下去同汤先生谈了谈。十二点到理学院去吃饭,刚吃完回来,长之来,坐了会,到[就]领他去看了看图书馆和我的研究室,一同去访从文,谈了会,又去看贺麟先生。出来我们就去看梁先生,只他太太在家,谈了会,我们就到市场东来顺,吃过晚饭,又去逛书摊,买了几本,八点前回来。

十日 星期日 早晨七点起来,洗过脸,写了封信,八点前到外面去吃早点,吃完本来想到图书馆去,但关着门,就回

---

1 *Meghadūta*:印度古代诗人迦利陀娑的著名诗作《云使》。

来，写《论翻译》。十一点到理学院去，在太阳里椅子上坐下来，看王静如的《论吐火罗及吐火罗语》，十二点多去吃饭。吃完回来，休息了会，到青年会去看金石书法展览，大半都是篆刻。看完到市场去买了点东西就回来，到图书馆研究室，去念《方广大庄严经》。三点半回来看《大公报·星期文艺》和《文史周刊》，五点半到理学院去吃饭，没有椅子。因为给学生抢完了，只好站着吃，回来看《印度古佛国游记》。

十一日 早晨七点起来，洗过脸，喝了一杯可可。八点出去洗澡，洗完回来，放下东西就到图书馆研究室去，念《方广大庄严经》。汤先生去，告诉我马坚[1]先生已经来了。十一点到北楼办公室去，写《论翻译》，庞静亭忽然去了，他前天才到。谈了会，同他回到屋里来看了看，就到对门一个小馆里去吃饭，吃完同他到翠花胡同汤先生家里去，我因为有事先回来，两点到北楼去看了看，立刻回来。不久马坚同向觉明[2]先生来，坐

---

1 马坚（1906—1978），字子实，云南个旧人，回族，伊斯兰教学者。1931年被选送埃及学习，其间撰文《中国回教概观》，译《论语》为阿拉伯语。回国后主要从事《古兰经》及阿拉伯文著的翻译工作。1945年后，先后任云南大学、北京大学东方语言系教授。
2 向觉明：向达（1900—1966），字觉明，湖南溆浦人。曾任商务印书馆编译员、北平图书馆编纂委员会委员兼北京大学讲师；1935年秋到牛津大学鲍德利（Bodley）图书馆工作；在英国博物馆检索敦煌写卷和汉文典籍；1937年赴德国考察劫自中国的壁画写卷；1938年回国后任浙江大学、西南联合大学教授；抗战胜利后，任北京大学历史系教授兼掌北大图书馆。

了会，向先生先走了。我同马先生谈了半天招收回教学生问题，领他到松公府秘书处去报到，到图书馆要了张借书证，到书库里去参观了下，就到北楼系办公室去，又遇到向先生，他也进去谈了谈。五点前出来，马先生回家，我也回来。五点多，冯文潜先生来，谈了点就走了，我也立刻赶到理学院去吃饭，吃完回来，王森田先生来，谈到九点走。

十二日 今天是孙中山先生诞辰，学校放假。早晨七点起来，夜里落了半夜雨，现在还没停，洗过脸，到外面喝了碗豆浆，吃了几个油条，回来写《论自费留学》。九点王森田来，我们一同出去到东四清真寺去访马坚、马松亭[1]，马松亭是回教间人，办理成达师范，老头很精明强干，谈了谈送回教学生到北大来的事情。他又领我们参观大殿、图书馆、浴室。十二点前才出来，坐车回来，到理学院吃过午饭，回来写《论自费留学》，一直写完。五点前出去在街上走了走，六点半到理学院去吃饭，吃完回来，田价人来谈了会，又到石屋里坐谈，一直到十点才回屋来。

---

1 马松亭（1895—1992），名寿龄，以字行，北京人，回族。中国现代伊斯兰经学家、教育家、社会活动家、著名伊玛目（教长）。1930年代参与创办并主持北平成达师范学校和北平回教经学院；1949年后任中国回民文化协会副主任、中国伊斯兰经学院副院长、名誉院长、中国伊斯兰教协会副主任、副会长等职。

十三日 早晨七点前起来，洗过脸，八点多到图书馆研究室去，念《方广大庄严经》，那里终于还是太冷，就到北楼系办公室去。天气真有点怪，忽地冷起来，已经结了冰。十二点到理学院吃过午饭，回来看了看，又回到图书馆研究室去，两点到北楼去上课。下了第一堂课的时候，在休息室遇到Wilhelm，谈了谈。又去上课，四点下课，休息了会，四点半马坚同了马松亭先生去，是回拜我们，又谈了谈送回教学生到北大来的事情，五点走。五点半到理学院去吃饭，吃完萧厚德、石峻到我屋里闲谈，吃花生，不久郑曼的弟弟来，我到孙衍眪处借了一床毡子，回来，他就睡在这里。

十四日 早晨七点前起来，洗过脸，领了郑弟去吃早点，吃完他到国会街去，我就回来。八点到图书馆研究所去，念《方广大庄严经》。十点到北楼系办公室，写《论翻译》。汤先生去谈了谈招收回教学生的问题。十二点到理学院吃过午饭，就到北平图书馆去，借出了 Vinage Pitake[1] 来对了对，又借了几本别的书。丁先生领我到善本阅览室去看了看，里面冷得要命坐不住就回来。五点多到理学院去吃饭，吃完回来到杨

1　Vinage Pitake:《大藏经》。

翼骧屋里去闲谈，八点半回来。

十五日 夜里极冷，早晨七点起来，洗过脸，到外面吃过早点，就到图书馆研究室去，念了点《方广大庄严经》。九点到北楼去听汤先生的课，但他没去。等了半天就出去坐车到市场，到五洲书局去看了看那本梵文文法，到东长安街邮局，寄稿子给安平，步行回来到北楼系办公室，看 Winternitz[1]《印度文学史》。我忽然想到译 gātaka[2]，现在今［先］计划写一篇序。十二点到理学院吃过午饭，回来看了看，就到图书馆研究室去。两点到北楼去上课，三点下课到研究室去念《方广大庄严经》，四点回来，写了几封信，五点到孙衍眕处送毡子，送下就到理学院去吃饭，吃完回来长之在这里等我，谈到八点走。

十六日 夜里非常冷，早晨七点前起来，洗过脸，到外面吃过早点，就到图书馆研究室去，念《方广大庄严经》。十点到北楼去上周燕孙先生的古音研究，十二点下课到理学院吃过午

---

1 Winternitz：莫里茨·温特尼茨（Moriz Winternitz, 1863—1937），奥地利印度学学者。曾在牛津大学做研究，致力于印度学资料、文献的整理。1902年任德意志大学讲师。1911年晋升教授，主讲语言学、人类学、印度学。1922年曾接受印度诗人泰戈尔所创国际大学的邀请，任客座教授。
2 gātaka：巴利语《佛本生经》。

饭，又回到研究室查了查书，回来拿了本书，就出去到碾儿胡同去看周燕孙，谈了许多音韵学上的问题。四点前出来，坐洋车到东四清真寺去看马子实先生，坐了会就回来。一直到图书馆去看了点书，五点到理学院去，在院子里走了走。吃过晚饭回来，看了会书，灯灭了，就睡。

十七日　星期日　早晨七点起来，洗过脸，到外面去吃早点，吃完回来写《巴利文佛本生经译序》，袁家骅[1]先生来访，谈了会，十点半走了。我因为屋里太冷，就拿了书到理学院去，在太阳里找了个椅子坐下，晒得很舒服。十二点半多吃过午饭，回来坐了会，到图书馆研究室去看了会书。三点到东安市场去买了份报，回来就到研究室去，查大藏经。五点多到理学院去，吃过晚饭，回来看报，写《本生经译序》。

十八日　早晨七点起来，洗过脸，到外面吃过早点就到图书馆研究室去，查大藏经。九点半回来，写《巴利文本生经译序》，十点马坚来，同他到东方语文学系办公室去，商议阿拉伯文组学程，商议完抄好，到下面送给汤锡予先生。回来拿

1　袁家骅（1903—1980），江苏沙洲人。著名语言学家。1932年毕业于北京大学英文系，曾任上海北新书局编辑、北京大学助教。1937年赴英国牛津大学攻读古英语和日耳曼语言学。回国后曾任西南联合大学教授、北京大学语言专修科主任、中文系教授等。

了钥匙到研究室取出图章来，又回到北楼把一个领罐头的表交给工友，就到理学院去吃饭。吃完就到北平图书馆去，坐在大阅览室看了会书，又找到丁先生留了一间研究室，进去看关于佛教的书。五点前回来，到研究室去念《方广大庄严经》，五点半去吃过晚饭，回来看报。

十九日 早晨六点半起来，洗过脸，出去吃过早点就到图书馆研究室去，念《方广大庄严经》。九点多到事务组去领了一个单子，到礼堂去领了一张铁床，送回来，就到北楼东方语文学系办公室去。十一点去上汤先生的课，十二点下课到理学院吃过午饭回来，休息了会。到研究室，先坐了会，又回来，遇到田价人，到我屋里谈了会。他走后，我又到研究室去看了看。三点到松公府蔡先生纪念堂去开教务会议，五点半散会，到理学院吃过晚饭，回来，支好床，看 Winternitz《印度文学史》。

二十日 早晨七点前起来，洗过脸，出去吃早点。吃完到图书馆研究室去，念《方广大庄严经》，到书库里去查了几本书。十点半到北楼系办公室去，看王森田开的书目。十二点前到院长办公室去看汤先生，谈回教学生入学问题。谈完到理学院去吃饭，吃完回来。休息了会，到研究室去看了会书。两点到北楼去上课，四点下课，步行到东四邮局送了封挂号信给《大公报》，回来。五点半到理学院去吃饭，吃完回来，长之来，谈到八点走。

二十一日 夜里睡得不好。早晨七点前起来，洗过脸，出去吃过早点，就到图书馆研究室去，念《方广大庄严经》。九点到松公府去要了张履历表，又到秘书处去问了问抽签的事情，就到北楼系办公室去。十点马子实带了十一个回教学生去，他们入北大当试读生，我领他们到注册组去办理手续，办完我又回到系办公室。十二点到理学院吃过午饭，就到北平图书馆去，看关于佛教的书，我想把巴利文小品 V.33.1Sakayā niruttiyā 释义与巴利文佛典写起来。王森田去，丁先生领我们去见馆长袁同礼[1]，谈借书的事情。五点前回来，到理学院坐了会。吃过晚饭，回来看报。

二十二日 早晨七点前起来，洗过脸，出去吃过早点，就到图书馆研究室去，念《方广大庄严经》。九点到北楼去上汤先生的课，十点下课，到系办公室去，马先生领了学生去，我领

---

[1] 袁同礼（1895—1965），字守和，河北徐水人，生于北京。著名图书馆学家、目录学家。北平图书馆（即今国家图书馆）的奠基者，中国现代图书馆事业的先驱。1929—1948年任国立北平图书馆副馆长和馆长。1949年后赴美国定居。

他们到红楼去看了看布告，又回到办公室，写《论中国人的道德》。十二点到理学院去吃饭，吃完回来看了看，又到研究室去。两点到北楼去上课，三点下课，到阴法鲁屋里去，他刚从济南回来，替我带来的衣服。回来打开箱子，一看，皮袍棉袍都有，心里悲喜交集，自己漂泊十年，没有人管自己的衣服，现在总算又有人想到自己了。五点半到理学院去吃饭，吃完回来，翻译《一个婆罗门和罐子的故事》。

二十三日 早晨六点半起来，洗过脸，出去吃过早点，就到图书馆研究室去，念《方广大庄严经》。九点多到北楼系办公室去，九点半十一个回教学生去，我看了看他们选的课，他们就走了。十点去听周祖谟的古音研究，十一点下课，到办公室坐到十二点，就到理学院去吃饭。吃完回来看了看，又回到图书馆念《方广大庄严经》。三点半到东四邮局送了两封信，慢慢地走向南去，走过一个拍卖行，进去看了看拍卖的情形。走到青年会看了一个画展。四点半到袁同礼家里去，陆续到的有冯至、毛子水、郑昕[1]、郑华炽，我们讨论中德学会存留的问题。六点出来到市场润明楼吃晚饭，到东来顺去，

---

[1] 郑昕（1905—1974），安徽庐江人。1927年赴德国柏林大学哲学系学习。回国后，曾任北京大学、西南联合大学教授，北京大学哲学系主任。毕生从事西方哲学的教学与研究，对康德哲学研究尤深。

任继愈请客,我不高兴吃,所以先吃了。看他们吃完,一同回来。

二十四日　星期日　早晨七点起来,洗过脸,出去吃早点,回来,念西藏文。十点到长之家去,坐了会,同他到东四十条北大教员宿舍去看向达先生和郑昕先生。十二点出来坐电车到青年会去看了看画展,就到东来顺去吃饭,又吃涮羊肉。吃完去逛旧书摊,四点到杨丙辰先生家里去,不在。到松公府阴法鲁屋坐了会,又去找废名[1]谈了谈,他正研究佛学,似乎已经着了迷。分手回来,看了会书,王森田来。五点半一同出去,我到理学院去吃饭,吃完石峻同萧厚德来屋里闲谈,九点走。

二十五日　早晨六点多起来,洗过脸,出去吃过早点,就到图书馆研究室去,念《方广大庄严经》。十点到北楼系办公室去,不久汤锡予先生去,谈了谈回教学生的事情。他走后,我就看《宋人小说类编》。十二点到理学院吃过午饭,回来,休息了一会,又回到研究室,念《方广大庄严经》,今天成绩

---

[1] 废名:冯文炳(1901—1967),笔名废名,湖北黄梅人。现代小说家,在文学史上被视为"京派文学"的鼻祖。1929年受聘于国立北京大学中国文学系任讲师,时任北大国文系副教授。

很好，念的很多。四点多回来，不久冯文炳先生来，又谈佛学，他已经钻了牛角，我没意思作陪。五点半他走，我也出去到理学院去吃饭，吃完回来又出去洗了一个澡，回来，看《宋人小说类编》。

二十六日 早晨六点多起来，洗过脸，出去吃过早点，就到图书馆研究室去，念《方广大庄严经》。十一点前到北楼系办公室去看了看，就下去听汤先生的课。十二点下课到理学院去吃饭，吃完回来坐了会，到研究室去念《方广大庄严经》。两点到秘书处问了问，就出去到东四邮局送了两封信，到清真寺马子实家，不在，就到东安市场去，拿着文凭照了张像。四点回来，又到图书馆去看《宋人小说类编》，五点到理学院去吃饭，吃完回来。今天风非常大，天阴，冷。

二十七日 早晨七点起来，洗过脸，出去吃过早点，就到图书馆研究室去，念《方广大庄严经》。十点到北楼东方语文学系办公室去，不久马坚去，谈了谈借读的问题，同他到秘书处去了趟。又回到北楼，有一个化学系的女生要转东方语文学系，我觉得颇有趣。十二点到理学院吃过午饭，回来看了看。两点到北楼去上课，四点下课，那位化学系的女学生又去。四点半到东安市场取出照片，天已经晚了，买了点吃的东西回来。今天非常冷，吃完冷得坐不住，就躺下看书。

二十八日 夜里非常冷，早晨七点起来，洗过脸，吃了一个昨晚剩下的烧饼，就到图书馆研究室去。八点半到北平图书馆去会到王森田，一同去看彭先生。我又同王出来查《西藏大藏经》目录。十点半我先回来，到出纳组领来支票，就到金城银行去缴上。到北楼系办公室去，钟小姐在，我给她讲了讲梵文字母。十二点前到金城把款取出来，到理学院吃过午饭，回来坐了会。出去坐洋车到交通银行去，汇家二十万元，又领十三万元的稿费，到商务去买了几本书，又到前门买了点布，坐公共汽车回来。五点多到理学院去吃饭，吃完回来，屋里冷得坐不住，看向达《印度现代史》。

二十九日 早晨七点前起来，洗过脸，出去吃过早点，到图书馆研究室去，念了点《方广大庄严经》。九点到北楼上汤先生的课，十点下课，到办公室去，马子实在那里等我，一谈就谈到十一点多，他才走。我没能作声，心里很难过，白牺牲时间，但又没办法，这系主任我干着也无聊。同王森田到图书馆去交涉到北平图书馆去借书，十二点到理学院去吃午饭，吃完回来看了看，到研究室坐了会。两点到北楼去上课，三点下课。回来看了看，又回到图书馆，念西藏文。五点到理学院去吃饭，吃完回来，看《宋人小说类编》，天气更冷了。

三十日 早晨七点前起来，洗过脸，吃过早点，就到图书馆研究室去，屋里太冷，简直坐不住，也没能念《方广大庄严经》。十点前到北楼东方语文学系办公室去，不久马子实陪了马松亭先生去了，谈到十点多走，我赶快跑上楼去听周祖谟的课。十二点下课，到理学院吃过午饭，回来看了看，又到研究室去，彭鉴先生去谈。三点半到市场附近理了理发，到南夹道买了双袜子，又到"郭纪云"去修理钢笔。六点前到东来顺去，我今天请客，王森田、丁浚、彭鉴、马子实都陆续到了，我们就开始吃饭，八点吃完，出去买了双鞋就回来。

十二月一日 星期日 早晨大概七点前起来的，洗过脸就出去吃早点，吃完回来，屋里冷得坐不住，勉强看 sakāya niruttiyā[1] 的论文。十点多到图书馆去坐了会，看了看参考阅览室里的书。十一点半到理学院太阳里找了个椅子坐下，太阳不厉害，也不暖。吃过晚饭，回来，屋里更显得像冰窖。迟疑了一会，就去找长之，谈了会，同他到隆福寺去逛旧书店，一直逛到天黑。买了几部，到四牌楼吃过晚饭，坐三轮

---

1 sakāya niruttiyā：巴利文"自己的语言"。

1946 年

车回来，天气似乎比昨天晚上暖了点。

二日 早晨七点起来，洗过脸，出去吃过早点，就到图书馆研究室去，不久，钟小姐去，给她讲了一点钟的梵文文法。九点多坐洋车到王府井大街取出修理好的表，又到"郭纪云"取出钢笔，就回来。到北楼系办公室去，心里只是乱得很，不能安心工作。十二点多到理学院去吃饭，回来看了看，又到图书馆去校看 sakāya niruttiyā 论文的稿子。两点到北楼去上课，三点下课，回到研究室念《方广大庄严经》。五点到理学院吃过晚饭，回来看了看，又到研究室去，八点半回来。

三日 早晨七点前起来，洗过脸，出去吃过早点，就到图书馆研究室来，念《方广大庄严经》。崔金荣来，坐了会就走了。九点半到训导处去了趟，回去看了看，就到北楼系办公室去，昨天晚上开始写《一个故事的演变》，现在接着写。十一点下去上汤先生的课，十二点下课，到理学院去吃饭，吃完就到北平图书馆去。那里还没有升［生］火，冷得要命。自己已经伤了风，鼻涕大流不止。看了几本关于佛教的书，三点半回来，到研究室，念《方广大庄严经》。五点多到理学院去吃晚饭，吃完回到寝室，看郑振铎《中国文学论集》。

四日 夜里鼻涕流得很多，早晨起来，洗过脸出去吃过早点，就到图书馆研究室里来。头上热得很，脑筋里昏昏的，大概热度很高，也不能作[做]什么事情，随便看了看点书。十一点到北楼系办公室去，头仍然是昏，十二点到理学院去吃午饭，吃完回到研究室休息了会。两点到北楼去上课，两点五十分钟下课，又回到研究室，头虽然是昏成一团，勉强把 *Pañcatantra* 里那一段关于一个婆罗门打破罐子的故事译出来。五点半又到理学院去吃饭，吃完回到寝室，就睡下。

五日 夜里鼻涕仍然是流，睡得不好，早晨七点半起来洗过脸，出去吃早点。吃完到研究室来，头同昨天一样昏，勉强念《方广大庄严经》，抄《一个故事的演变》。十一点到北楼系办公室去，看郑振铎《中国文学论集》。十二点到理学院去吃饭，吃完到翠花胡同文科研究所，找到汤先生，他领我看了看房子。出来回到宿舍里看了看，我就坐洋车到西交民巷中国银行领了九万元，到前门外买了点纸，又坐车到南夹道小市买了件毛衣。四点前回来，到研究室来念了点书，五点半到理学院吃过晚饭，回到寝室就睡。

六日 早晨七点起来。夜里人似乎发过烧，今天起来浑身酸痛。

洗过脸，出去吃过早点，就到图书馆研究室来，身上一点力量都没有，头里浑浑的。九点到北楼去上汤先生的课，下了课到系办公室去抄《一个故事的演变》。十二点前回到图书馆来看了看，就到理学院去吃饭，没有口味。吃完回到研究室，休息了会。两点到北楼去上课，三点下课，又回到研究室，念《方广大庄严经》。五点同阴法鲁谈了谈，这位先生极偏而固执。六点吃过晚饭，回到红楼，看了点书，八点睡。

七日 早晨七点多才起来，洗过脸，出去吃过早点就到研究室来，念《方广大庄严经》。十点到北楼去上周先生的课，十二点下课，到文书组去问了问，就到理学院去吃饭。吃完步行到南夹道小市去逛了逛，走到永兴洋纸行买了点纸，又到市场去，无意之中买妥了一部《太平广记》。三点多回来，抄《巴利文小品 Cullavagga V.33.1 sakāyā niruttiyā 之释义》。五点到理学院去，等到五点半才吃晚饭，吃完回到宿舍，《太平广记》送了去，但没有电，点上蜡烛看了点，就睡。

八日　星期日 夜里吹了一夜风，早晨还没停，天气陡然冷起来，我的屋里都结了冰，可想见其冷。洗过脸，出去吃早点，冷风像刀子一般。吃完到图书馆研究室来，抄《巴利文小品 V.33.1 sakāyā niruttiyā 释义》，郑用熙[1]同了他的朋友来，十一点走。十二点多到理学院去吃饭，吃完却来了难题。图书馆关了门，自己屋里冷如冰窖，又有风，简直不知还应该到什么地方去了。结果还是回去。郑又去谈了会，他刚走，我就上床，盖上被子，只有这一个办法了。五点起来到理学院吃过饭，到阴法鲁屋去闲谈，九点前回去。

九日 风又刮了一夜，屋里冷得要命。早晨起来，全屋里只要可以结冰的都结了冰。洗过脸出去吃过早点，就到研究室来，这里也没有火。勉强坐了会，就到北楼去。在系办公室里坐下，抄 Cullavagga V.33.1 的论文。十二点前到松公府秘书处去了趟，就到理学院去吃饭，吃完回到研究室，休息了会。两点到北楼去上课，三点下课，回来抄论文。四点半到东安市场去，今天王森田在东来顺请客，同座的有吴晓铃、常风、马子实，八点多吃完，又谈了会，才出来分手回红楼宿舍。

十日 早晨七点多起来，洗过脸，出来吃过早点，就去洗澡，水很热，洗得颇痛快。洗完回去放下东西，就到研究室来，

1　郑用熙（1927— ），浙江台州人。1946年就读于清华大学化学系，1950年毕业后留校任教，曾任北京大学和清华大学教授、清华大学分析中心主任和化学系离退休党支部书记。

抄 Callavagga 论文，心里总是乱得很，不能安心工作。十一点到北楼去上汤先生的课，十二点下课，到理学院吃过午饭，就到北平图书馆去。那里仍未升［生］火，只查了本书，看了看报，就回来，抄论文。五点半到理学院去吃饭，吃完回到宿舍，屋里居然很暖，真是大喜过望。看《太平广记》。

十一日 早晨七点多起来，洗过脸，看《太平广记》，因为一点也不饿，没出去吃早点。八点半到图书馆研究室来，抄论文。崔金荣来，谈了会就走了。十一点到北楼系办公室去，校看论文，十二点正想去吃饭，但一想到那饭，心里就想吐，半路上买了两个烧饼就回来。吃完休息了一会，两点到北楼去上课，三点下课，回来，抄论文。但文思极涩滞，自己写文言文简直有点写不来了。五点多到理学院去吃晚饭，吃完回到宿舍，看《太平广记》。

十二日 早晨七点起来，洗过脸，看《太平广记》。八点出去吃早点，吃完到研究室来抄论文。愈来愈撇［别］扭，急得头上直冒火。十一点到北楼系办公室去，看了看论文稿子。十二点到理学院去吃饭，现在一点口味都没有，简直一天不吃东西也不要紧。吃完回到研究室休息了会，两点到板厂胡同中德学会去。同刘东之谈了谈，借了几本德文书回来。回到研究室，又抄论文，无论如何也觉得撇【别】扭。五点多到理学院去吃晚饭，吃完回到宿舍看《太平广记》。

十三日 早晨七点起来，洗过脸，看了会《太平广记》。八点出去吃早点，吃完到研究室来，抄论文。九点到北楼去，想去上汤先生的课，但汤先生请了假。就到系办公室去，校看论文稿子。十一点多回到研究室来。十二点到理学院去吃饭，吃完回来，休息了会，两点又到北楼去上课，三点下课。回到宿舍去看了看，又刮起风来，到处是土，非常讨厌。回到研究室，抄论文，彭先生领我到书库里去看善本书，万没有想到北大有这么许多善本书。五点半到理学院去吃饭，吃完回到红楼看《太平广记》。

十四日 早晨七点起来，洗过脸，出去吃过早点，就到研究室来，抄论文。十点到北楼去上周祖谟先生的课，十二点下课到理学院去吃饭，吃完，回到宿舍去看了看，又回到研究室，把论文抄完。这篇文章，虽然不长，但却给了我许多苦恼，我觉得文言文颇不适合写学术论文，以后还是用白话文吧！今天过午有意到隆福寺去，但结果是没有去成，五点半到理学院去吃过晚饭，回到红楼，看《太平广记》。

十五日　星期日　七点多起来，洗过脸，到外面吃过早点，就到图书馆研究室来，看《西藏文法》和《现代西藏》。十点多回到红楼，又出去想去看汤先生，但遇在门口，他似乎去看别人。我就回去，坐了会，看了点《太平广记》，又回图书馆来看了会杂志，回到研究室，看《现代西藏》。十二点到理学院去吃饭，吃完回到红楼，不久长之去谈了谈，同他到中老胡同看从文、朱孟实、冯君培，但一个都没看到。分手到汤先生家中看了看，又到隆福寺文奎堂、修绠堂去买了几部书，回来，吃过晚饭，回去看《太平广记》。

十六日　早晨七点起来，洗过脸，出去吃过早点，就到图书馆研究室去，念《方广大庄严经》，开始替《文艺复兴》写《德国文学的主潮》[1]。十一点到北楼东方语文学系办公室去，十二点出去到麟三元去吃午饭，吃完回到研究室，休息了一会。两点到北楼去上课，三点下课，到长之家送给他一篇稿子，谈了谈就回来。又到麟三元去吃晚饭，吃完回来，抄论文。看《太平广记》，现在觉得《太平广记》自己可用的材料并不太多。

十七日　今天是北大成立校庆，放假一天。早晨七点多起来，

1　后作者更名为《现代德国文学的动向》，《文艺复兴》第3卷第3期，上海，1947。

洗过脸,吃过早点,看了看学生出的壁报。图书馆不开门,又回来写《德国文学的主潮》。十一点到马祖圣[1]家里去闲谈,一直谈到十二点,同他出去到对门小饭馆里吃午饭,不久邓嗣禹也去了,吃完谈了半天才散。回来休息了会,出去坐洋车到西四,又走了段路到新华书局去看书,买了一部《纪批苏诗》、一部《洛阳伽蓝记》,又坐车回来。自己买了几个烧饼,吃了当晚饭,修绠堂小伙计把明世德堂《列子》送来。抄论文,看《洛阳伽蓝记》。

十八日 夜里刮了一夜风,早晨七点起来,洗过脸,吃了点昨天买的面包,就到图书馆研究室去,写给李健吾一封信,抄论文。十一点到北楼系办公室去,看 Franz Koch 的 *Geschichte deutscher Dichtung*[2]。十二点前出去买了几个烧饼,回来吃完,又回到研究室,抄论文。两点到北楼去上课,三点下课,就到蔡孑民先生纪念堂去开教务会议,一直到三点半才只去了几个人,就改为谈话会,主要讨论的是校务通则,天已经黑下来才散会。到麟三元吃过晚饭,回来,看了会书。

---

1 马祖圣(1911—),广东中山人。1934年清华大学化学系研究生毕业,1938年获芝加哥大学哲学博士学位。1946年携带大量重要的资料和仪器回国,在北京大学任教。1949年夏移居新西兰;1954年被聘为美国纽约州立大学副教授,1958年晋升为教授。
2 弗朗兹·科克(Franz Koch)所著的《历代德国作家作品集》,书名为编者所译。

十九日 早晨七点前起来,洗过脸,出去吃过早点,就到图书馆研究室去,写《现代德国文学的动向》。十一点到北楼系办公室去,看 Koch 的 *Geschichte deutscher Dichtung*。十二点到麟三元吃过午饭,回来看了看,又回到研究室,把论文抄完。同彭鉴先生谈了谈。出来遇到马祖圣,同他到事务组去问伙食的情形,回来到王金钟屋里去坐了会。又回到研究室去写《德国文学的动向》。长之去,坐了会,一同到对门馆子里去吃饭,吃完到刘安义家去坐了会。七点出来,分手回来,看《太平广记》。

二十日 早晨七点起来,洗过脸,出去吃过早点,就到图书馆研究室去,看 *Geschichte deutscher Dichtung*。九点到北楼去上汤先生的课,十点下课回去。仍然看 *Geschichte deutscher Dichtung*,写《现代德国文学的动向》。十一点前到北楼系办公室去,写给 Prof.Kern 一封信。十二点前同王森田到红楼事务组要了一间房子,领他到我屋里看了看修绠堂新送来的几部书。就出去到建协去吃饭,吃完回来看了看,就又到研究室去。两点到北楼去上课,三点下课,回到研究室,写《论东方语文学的研究》。五点多到建协去吃饭,吃完回来,抄《关于东方语文学的研究》,写《现代德国文学的动向》。

二十一日 夜里睡得不好。早晨七点前起来,洗过脸,抄《关于东方语文学的研究》。八点到北楼地下室去,想吃早点,但还没有。只好仍然出去吃。吃完到研究室去,抄《关于东方语文学的研究》。十点到北楼去上周祖谟先生的课,下了课,同马先生谈了谈,又去上。十二点下课,同文奎堂的张宗序回来拿书。回到北楼地下室想去吃饭,但已经没有了,只好又出去到麟三元去。吃过午饭,到研究室去,头有点昏,人疲倦得很。三点多回来,看了看,就到从文家去,一直谈到天黑,他邀我到东来顺去吃羊肉,同行的还有赵全章。吃完坐洋车回来,写《现代德国文学的动向》。

二十二日 星期日 夜里睡得又不好。早晨七点起来,洗过脸,出去吃过早点,就到图书馆研究室去,把《关于东方语文学的研究》抄完,写《现代德国文学的动向》。十一点回来,看了看,又回到图书馆,看 Winternitz 的《印度文学史》。十二点到北楼食堂去吃饭,吃完回来,休息了会,到东安市场去。今天大风,尘土飞扬,非常讨厌。买了点稿纸,几本书。六点前回来,屋里非常冷,什么事情也不能作〔做〕。五点前出去吃晚饭,吃完回来,看 Winternitz《印度文学史》,八点前睡。

1946年

二十三日 早晨七点起来,洗过脸,出去吃过早点,到图书馆研究室去。写《梵文<五书>[1]:一部征服了世界的寓言集》。不久钟小姐去,问梵文问题,牟有恒[2]也去,谈他的毕业论文。牟走了,钟小姐一坐谈到快十一点才走。我出来寄封挂号信给天津《大公报》,就到北楼系办公室去。十二点前到地下室吃过午饭,回来看了看,又回到研究室,写《梵文五书》(Pañcatantra)。两点到北楼去上课,三点下课,领牟有恒到书库里去查书。四点到研究室去,写《梵文五书》。五点到北楼地下室去吃饭,吃完回来写《梵文五书》。

二十四日 夜里简直等于没睡,早晨六点多起来,洗过脸,写《梵文五书》。八点前出去,吃过早点,到图书馆研究室去坐了会,回来拿了衣服去洗澡,洗完到研究室去,写《梵文五书》。十一点到北楼去听汤先生的课,十二点下课,到地下室吃过午饭,回来看了看,刚回到研究室,长之去,谈了会就走了。仍然写《梵文五书》,因为没睡好觉,精神不太好。三点半回来到红楼地下室去理发,理完回来看了点书,五点到北楼地下室

---

[1] 《梵文<五书>:一部征服了世界的寓言集》:"五书"应为"五卷书"。下文同。
[2] 牟有恒:牟安世(1924—2006),曾用名牟有恒,四川富顺人。中国社会科学院历史研究所研究员。抗战时期就读于西南联合大学历史系,1947年7月毕业于国立北京大学史学系。

去吃饭,吃完到研究室看了看,回来把《五书》写完。

二十五日 夜里仍然睡得不好。早晨六点起来,外面天还没亮,洗过脸看了点书。八点前出去吃过早点,到图书馆研究室去,抄《五卷书》,不久崔金荣去,阴法鲁也去,谈了半天,同阴法鲁到秘书处去借支十二月份薪津。十一点到北楼系办公室去,抄《五卷书》。十二点到地下室去吃饭,吃完到研究室去抄《五卷书》。两点到北楼去上课,三点下课同钟莉芳回来拿了点 atakrire,又回到研究室,写了几封信。四点出去到东安市场,买了几份《大公报》,就到东兴楼去,长之请客,到许多人,徐悲鸿、黎锦熙、周炳琳、沈从文、冯至、魏建功、焦菊隐、张佛泉、赵迺抟、费青、向达、郑叶、杨人梗、吴作人、吴恩裕、楼邦彦,吃完八点多回来。

二十六日 夜里吃了片 Abasin,睡得还可以,早晨六点起来,洗过脸,写给郑西谛先生一封信。八点前出去吃早点,吃完到图书馆研究室去,抄《梵文〈五卷书〉》,十点前到出纳组领出了汇票,到金城银行取了钱,就到邮局去寄钱给家里。寄完到北楼系办公室,抄《梵文〈五卷书〉》。十二点到地下室吃过午饭,回来看了看,又到研究室去,休息了一会,抄《梵文〈五卷书〉》。四点到朱孟实先生家里去,常凤瑔、徐士瑚在那里。他们走后，我又坐了会才回来。不久又出去到小小食堂，吃过晚饭，到研究室去坐了会，回来抄《梵文〈五卷书〉》。

二十七日 早晨六点多起来，洗过脸，写给金克木一封信。八点到北楼吃过早点，就到研究室去抄《梵文〈五卷书〉》。九点到北楼去上汤先生的课，十点下课，到系办公室把《梵文〈五卷书〉》抄完，又了了一件心事，念《西藏文法》。十二点到地下室去吃饭，吃完，回到研究室，休息了会。两点到北楼去上课，三点下课，领王太庆去到图书馆，教给他查梵文字典的方法。回到研究室，不久彭先生来，一谈谈到四点半。他刚走，我就出去买了几个烧饼，回来吃了，看 Winternitz 的《印度文学史》，外面大风。

二十八日 早晨六点半起来，洗过脸，随便看了点书，八点前出去吃过早点，到图书馆研究室去，写给 Prof.Kern 一封信。十点到北楼去上周祖谟先生的课，十二点下课，到地下室去吃过午饭，回来看了看，又到研究室去，休息了一会，写给 Itockes 一封信，上去看了看报，回来。早晨常凤瑑说徐士瑚要来看我，但一直等到五点也不见踪影。于是就出去到东安市场去，买了两本书。六点到东来顺去，马子实请客，有一位杨敬之先生,非常健谈,吹胡子瞪眼,很有意思。八点半回来。

二十九日 夜里睡得极坏,吃了片Abasin,早晨七点起来,洗过脸,出去吃过早点,就到图书馆研究室去,写《现代德国文学的动向》,写得非常不痛快。十点回来,坐了会,出去遇到阴法鲁领了庄孝惠来,同他们回到红楼问了问房子。下去分手到卫德明[1]家去,他不在家,只好又回来。一点也不饿,买了几个烧饼吃了当午饭,吃完去找阴法鲁,不在。又回来休息了会,两点前又去找阴法鲁,仍然不在。就到北楼去听朱光潜先生讲关于新诗的几个问题。三点出来,又去找阴法鲁,又不在,回来。看了看书。五点前又出去看了看壁报。吃过晚饭,回来写《现代德国文学的动向》。

三十日 早晨六点多起来,洗过脸,看《西藏文法》。八点前出去吃过早点,到图书馆研究室去,今天北大学生为美兵强奸中国女孩子事罢课,我心里也乱得很。写《现代德国文学的动向》,郑用熙去,谈了会,王太庆去,一直谈到十一点半。他们走后,我到北楼系办公室去写了两封信。十二点下

---

[1] 卫德明(Hellmut Wilhelm, 1905—1990),德国人,生于青岛。著名汉学家,是德国汉学家卫礼贤之子。时任北京大学教授,并主持北京德中学会工作。

去吃过午饭，回来，从窗子里看学生在大操场里集合。又到研究室去，王太庆领了一位同学去问瑞士的情形。两点半出来寄了几封信，就到长之家去，谈克家的职业问题。四点半回来，看了点书，出去吃过晚饭，回来电灯忽然灭了。到图书馆研究室中坐了会，回来，刚躺下，庄孝德[1]来，谈了很久才走。

三十一日 夜里又吃Abasin，睡得仍然不好。早晨六点起来，念《西藏文法》。八点前出去吃过早点，到图书馆研究室去，写《现代德国文学的动向》。十点前到教务处去了趟，从那里就到北楼系办公室去，看Franz Koch的 *Geschichte deutscher Dichtung*。十一点下去上汤先生的课，十二点下课。到地下室吃过午饭，回来看了看，又到研究室去，写《现代德国文学的动向》。头里昏成一团，现在自己的脑筋真不行了。五点前到外面小吃铺里吃过晚饭，回来看报。今天是所说除夕，但自己一点年的感觉也没有，八点就上床睡。

---

1 庄孝德（1913—1995），山东莒县人。实验胚胎学家和细胞生物学家。1935年毕业于山东大学生物系，1936年赴德国慕尼黑大学深造，1939年获哲学博士学位。1942年转到德国弗莱堡大学任助教，1945年获得在大学授课资格，升任为讲师。1946年底回国后任北京大学动物系教授兼系主任。

一月一日 早晨六点多起来，洗过脸，看了会书，八点出去吃早点，今天是元旦，但外面一点也看不出过年的气象来。吃完早点回来，把回国以后在报纸上发表的文章剪下来贴到一个本子上。九点半到长之家去，坐了会，同他去看梁实秋先生，谈到十二点多。他留我们吃饭，吃完又坐了会，出来到平安去看电影:《空中堡垒》，是美国十大名片之一，但却没什么意思。五点多出来到一个书店里去买了本书，就到杨丙辰先生家里去，谈到七点，我们要走，但他非留我们吃晚饭不行，吃完谈到九点回来。

二日 早晨七点起来，洗过脸，八点前出去吃早点，吃完回来，写《现代德国文学的动向》。庄孝德来，谈了半天闲话。他走后，我也出去，到西城常凤瑑家谈了会。坐洋车到头发胡同去看田价人，谈了会，同他出来到西单商场大众书店去看了看旧书，就到砂锅居去吃白肉。我久闻砂锅居大名，白肉确是不坏，但其余都又脏又烂，不知何以出这样大名。吃完坐公共汽车到东安市场，买了两本德国小说，就回来，休息了会，五点前出去吃饭，吃完回来看 Blunck 的 *Von Geistern unter und vüber der Erde*。

三日 早晨七点前起来，洗过脸，出去吃过早点，回来写《现代德国文学的动向》，我觉得自己写抒情散文不比全国作家中的任何人坏，但一写论文，却就异常别扭，原因我还没找出来。十二点同马祖圣、邓嗣禹到北楼去吃饭，吃完回来休息了会，崔金荣来。三点半同马、崔到松公府蔡先生纪念堂去参加胡适之先生邀请的茶会，里面人太多，简直连站的地方都没有。同几个人谈了谈，就回来。不久马也回来了，谈了会，一同到市场东来顺去吃饭，吃完又到旧书摊买了几本书，八点回来。

四日 早晨六点半多起来，洗过脸，看了点书，八点出去吃早点。吃完到图书馆研究室去，写《现代德国文学的动向》，九点半出来寄了封信，就到北楼系办公室去，十点上去上周祖谟先生的课，十二点下课。到地下室去吃过午饭，坐洋车到东城东总布胡同国立北平艺术专科学校去找李苦禅，结果在宿舍里找到了，谈了会。三点回来到研究室去，写《现代德国文学的动向》。四点回来，袁家骅先生来，谈到五点多走。我出去吃过晚饭，回来看报。唐兴耀来，谈了会就走了。

五日 星期日 早晨六点半起来，洗过脸，念《西藏文法》。

八点出去吃早点，吃完到研究室去，写《现代德国文学的动向》。九点半出去，到西城李苦禅家去，外面大风，尘土蔽天，非常讨厌。他拿出他买的画来给我看，谈到十一点多。出来到西单商场去逛了逛旧书摊，到砂锅居吃过午饭，坐洋车回来，人非常倦，休息了会，看《苦雨斋序跋文》。四点学古斋主人温德润来，拿给我几件敦煌残卷看，其中一件是Brākmī字，可惜只是些字母。他走后，我出去买了块烤红薯，回来吃了当晚饭，看《苦雨斋序跋文》，到王利器[1]屋去了趟。

六日 早晨六点起来，洗过脸，念 *Meghadūta*。八点前出去吃早点，吃完到图书馆研究室去，开始抄《现代德国文学的动向》。九点到外面买了点稿纸，到邮局去寄了几封信，又回到研究室抄《现代德国文学的动向》。十一点前到北楼系办公室去，马松亭送了许多书去，下去到汤先生屋去同他谈了谈。十二点前到地下室去吃饭，吃完回来，不久黄明信[2]来，他是北平人，却作了喇嘛，非常怪。同他谈了谈，两点到北楼去上课，下了课又到研究室同黄明信谈到四点，一同去看汤先

1　王利器（1912—1998），重庆江津人。著名国学大师。曾任四川大学、成华大学、北京大学、政法学院讲师、副教授、教授。在北京大学任教时，讲授《史记》、《庄子》、《文心雕龙》等史籍，逐渐成为有名的国学专家。一生著述宏富，逾两千万言。
2　黄明信（1919—？），湖北沔阳人。1938年毕业于清华大学历史系，20世纪40年代任华西边疆研究所助理研究员，长住拉卜楞寺从事藏传佛教文化研究。

生，他不在家，我们回到北大，我仍然到研究室去。五点到对面去吃饭，吃完回来。看报。

七日 早晨六点半起来，洗过脸，修改《现代德国文学的动向》。八点前出去吃过早点，到研究室去，抄论文。十点到北楼见到汤先生同他谈谈黄明信的事情，到东方语文学系办公室去抄论文。十一点下来去上汤先生的课，十二点下课，回来看了看，出去到小馆里匆匆吃了点东西，就到骑河楼去赶汽车到清华去。一点半到了，先到陈寅恪先生家里去看他，谈到三点。出来到图书馆去看毕树棠，谈到四点。又到平斋去看郑用熙，四点半又到大门外去上汽车，六点前回来。到对面小馆吃过饭，回来到马祖圣屋里去闲谈，八点回屋。洗了洗脸，就睡。

八日 早晨六点多起来，洗过脸看了会书，八点出去吃过早点，到图书馆研究室去，写给 Fran Oppel、王钢冀、张勋泽各一信，出来到邮局寄了，仍然回去，抄《现代德国文学的动向》。十点半到北楼系办公室去，抄论文。十一点半到文学院长办公室，同汤先生谈了谈昨天的经过。到地下室吃午饭的时候，遇到老常，吃完回到我的研究室去闲谈，他走后，休息了会，两点到北楼去上课。三点下课，到中老胡同朱孟实先生家去送稿子，谈了会，回来坐洋车到东四清真寺去见马松亭先生，谈到六点才出来。在一个小馆里吃过晚饭，回来拿了东西去洗澡，回来看报。

九日 早晨六点多起来，洗过脸，抄《现代德国文学的动向》。八点出去吃过早点，到研究室去，抄论文。十点到北楼系办公室去，仍然抄。十一点马坚先生去，不久那十一个回教同学去，我领他们到松公府去见胡校长。胡校长对他们说了几句话，就辞了出来。又到训导处见陈香屏，谈公费和房子的问题。回去，替他们盖了图章，就到地下室去吃饭。吃完到研究室去，休息了会，抄论文。两点多回来看了看，到邮局领出稿费，又到研究室去写了封信。回来徐书琴来，他是高中校友，谈到五点走。我出去吃过晚饭，回来看报，抄论文。

十日 早晨六点多起来，洗过脸，念《西藏文法》。八点出去吃过早点，到研究室去，还没能作［做］多少事，已经快要到九点。就到北楼去上汤先生的课，十点下课，以为黄明信就会来，等了半天，不见踪影。回到研究室钟莉芳去，不久向达带了赵万里去，谈了会。他们走后，又回到北楼，见了见汤先生，回到研究室抄论文。十一点半又到系办公室看了看，下去吃午饭，吃完到研究室去休息了会。两点到北楼去上课，三点下课，听林宁平的演讲：中国哲学之特点。四点多同王森田坐洋车到西城去看黄明信，不在，又坐车回来。吃完晚饭回来，马祖圣、邓嗣禹同了周一良[1]来，周也是学梵文的。不久长之来，周先走了，长之谈到九点多才走。

十一日 昨晚谈话太多，躺下睡不着。吃了片Abasin。早晨六点多起来洗过脸，抄论文。八点前吃过早点，到研究室去，想抄论文，但替周一良查《大藏经》，没能抄成。十点到北楼去上周祖谟先生的课，十二点下课，同向达坐洋车到北平图书馆，今天袁守和请客，同桌的有胡适之先生、陈援庵[2]先生、向达、周一良、赵万里、邵循正[3]、容肇祖[4]。吃过午饭，看了几部宋版书，听胡先生谈《水经注》，我看他真有点着迷了。又到楼下去看满蒙藏文，四点前出来坐洋车回来，到松

1　周一良（1913—2001），安徽东至人，生于山东青岛。历史学家。1939年在美国哈佛大学研究院远东语文系主修日本语言文学，并学梵文。1944年获博士学位，博士论文《唐代印度来华密宗三僧考》（英文）在欧美佛教史学界颇受重视。从40年代起就留意于中国佛教史及敦煌文献。在敦煌研究方面，参加了关于变文俗讲的讨论，考订了若干写本文献和敦煌文学作品中词语，并曾协助《敦煌变文集》的编校工作。时任燕京大学中文系副教授。
2　陈援庵：陈垣（1880—1971），字援庵，广东江门人。中国历史学家、宗教史学家、教育家。
3　邵循正（1909—1972），福建侯官人。中国历史学家，在蒙古史研究方面有杰出贡献。时任清华大学历史学系教授。
4　容肇祖（1897—1994），广东东莞人。我国著名中国哲学史研究专家、民俗学家和民间文艺学家。时任北京大学哲学系教授。

公府去参加纪念蔡孑民先生八十岁生辰，胡先生、何思源[1]、汪敬熙[2]、钱端升[3]相继演讲。散会出去吃过晚饭，回来看报，马祖圣来谈。

十二日　星期日　早晨七点多才起来，洗过脸，出去吃过早点，到图书馆研究室去，抄论文，查大藏经。十一点回来了一趟，不久又回去，十二点到北楼地下室去吃饭，吃完回来看了看，就到东安市场去，今天风又很大，非常讨厌。看了看旧书摊，买了一本德文Frenssen的小说，一本Hatim's Tales。三点多回来，看《大公报》、《学生报》、《北平时报》。人又伤了风，非常难过，屋里非常冷。事情也作［做］不下去。四点半出去，到中老胡同教员宿舍送了两本杂志，到东斋去看马坚和徐仁，都不在。到外面食堂吃过晚饭，回来看报，抄论文。

1　何思源（1896—1982），山东菏泽人。中国著名的教育家。时任北平市市长。
2　汪敬熙（1898—1968），浙江杭州人，生于山东济南。小说家，中国现代生理心理学家。1919年毕业于北京大学经济系，与傅斯年等同为新潮社的主要成员，在《新潮》上发表短篇小说，并参加新文化运动。1920年赴美留学，1923年获得博士学位后回国，先后任河南中州大学、中山大学、北京大学教授。1934年任中央研究院心理研究所所长。
3　钱端升（1900—1990），字寿朋，上海人。中国著名法学家、政治学家。历任清华大学、中央大学、西南联大、哈佛大学教授，北京大学法学院院长。

十三日 早晨七点前起来，洗过脸，出去吃过早点，到图书馆研究室去，抄《现代德国文学的动向》。九点到松公府文书组，想去取教员证，但还没办完，又回到研究室，接着抄。十一点前到北楼系办公室，抄论文。马子实去，谈到十二点多，他走后，我就下去吃饭。吃完回来看了看，又回到研究室。两点到北楼去上课，三点下课，回来看了看，黄明信已经来过又走了。回到研究室，写了封信，到邮局送了。就出去到地政局去看董世兰、徐书琴，都不在，到北平图书馆去同丁先生谈了谈。五点多回来，到北楼地下室去吃饭，遇到马祖圣，吃完一同回来。看报，九点睡。

十四日 早晨六点多起来，洗过脸，对着稿纸坐了半天，才勉强写了点，写的是《西化问题的侧面观》，昨天开始的。八点出去吃过早点，到研究室去，抄《现代德国文学的动向》。终天为这些无聊的事忙，心里真不痛快。十点到秘书处去借了研究补助费，又回到研究室，仍然接着抄。十点半到北楼去，汤先生请假，就到办公室去抄论文。十二点前到地下室去吃饭，吃完回来看了看。又回到研究室，休息了会，抄论文。到书库里去看了看，四点回来，不久正谊同学董世兰来谈，六点走，我也随着出去，吃过晚饭，回来抄论文。

十五日　夜里睡得不好。早晨六点多起来，洗过脸，把《现代德国文学的动向》抄完，心里仿佛去掉了一块石头，异常舒畅。八点出去吃过早点，到图书馆研究室去，写《西化问题的侧面观》。十点到出纳组领出支票，到金城银行取出钱来，又到邮局去寄钱。寄完到北楼系办公室去，看了看以前写好的课程表。十二点前到地下室去吃过午饭，回来看了看，又回到研究室。两点到北楼去上课，三点下课。出去买了点纸，到图书馆去看新到的杂志。五点到外面小馆吃过晚饭，回来看报，精神不好，很早就睡。

十六日　早晨六点多起来，洗过脸，念西藏文，写《西化问题的侧面观》。八点出去吃过早点，到图书馆研究室去，写《西化问题的侧面观》，一直写，心里很痛快。十一点到北楼系办公室，没能作［做］什么事就到了十二点，到地下室去过午饭，回来看了看，又回到研究室，休息了一会。到书库里去看中央研究院集刊。回到研究室，抄《西化问题的侧面观》。四点前回来，看了会报。五点回来，到庄孝德屋里去谈了谈，同他和她【他】侄女一同出去吃过晚饭，又到我屋里来闲谈，徐仁来，谈到九点多走。

十七日 夜里吃了两片 Abasin。早晨快到七点才起来,洗过脸,出去吃过早点,到研究室去,抄《西化问题的侧面观》。九点到北楼去上汤先生的课,下了课,去找汤先生谈了谈。又到秘书处去问薪水问题,最后到文书组要了一封公函。回到红楼到合作社要了一张面粉票,就到北楼系办公室去。十二点下去吃过午饭,到马子实家坐了会。回来,两点到北楼去上课,下了课同邓嗣禹、老常谈了谈。回到红楼到地下室去搬了一袋面,累了一身汗。五点到对面小馆吃过晚饭,回来抄论文。

十八日 早晨六点多起来,洗过脸,抄了点论文。八点出去吃过早点,到研究室去,抄论文。九点到出纳组预备去领薪水,以为已经一切就绪,但我认识北大还不够,到了才知道,还是一塌糊涂。到秘书处去交涉,结果是把支票领出来了。十点到北楼去上课,十一点多下了课。到金城银行取出钱,到邮局寄钱给家里,寄完到北楼地下室去吃饭,吃完回到研究室休息了一会。两点半到北楼去听胡适之先生的演讲《宋代理学产生的背景》。到底他的叫座能力大,人多得要命,连外面都是人,讲的却也真好。简直是一个享受,四点多讲完,到东安门大街理了理发,到市场附近一个馆子里吃过晚饭,回来。阴法鲁来谈,庄孝德也来。

十九日　星期日　早晨七点多起来，洗过脸，出去吃过早点，就到图书馆研究室去，抄《西化问题的侧面观》，但心里乱得很，不能安静工作下去。十点半回来，马祖圣同苗仲华来，原来就是大闹瑞士使馆的那位先生。同他们出去到景山去逛了逛。我这是第一次上景山，往南看，看到皇宫景色美极。下来到松公府去吃饭，吃完又到苗屋里去闲谈。两点多回来，看《洛阳伽蓝记》。四点半张天任、王太庆、牟有恒来，我们一同到东安市场东来顺去吃烤肉，吃完谈了半天，回来王同牟又到我屋里来谈，到快十二点才走。

二十日　早晨七点半起来，洗过脸，因为不饿，就到图书馆研究室去，抄《西化问题的侧面观》。十一点前到北楼系办公室去，看新收到的《雄风》。十二点下去吃饭，遇到常凤瑑，吃完一同回到系办公室，闲谈到两点，上去上课。三点下课，看了会报，回到图书馆，到阅报室去看报，四点回来。雪从夜里就下起来，一天没停，本来想出去跑跑玩一下，也出不去。五点到对面小馆吃过晚饭，回来看报，看《雄风》。

二十一日 早晨七点前起来,洗过脸,出去吃过早点,到图书馆研究室去,抄《西化问题的侧面观》。十点到北楼系办公室去,不久牟有恒去,谈了谈岑仲勉[1]的一篇文章。汤先生去,请我今天晚上到他家去过年。十一点下去上汤先生的课。十二点下课到地下室吃过午饭,就回来,立刻又出去到东安市场去,买了许多年糕之类的东西,预备送人。三点多回来,长之来,同他一块冒雪去逛北海。登上白塔一看,景色美到不能形容。雪始终没停。五点回来,沈从文来,请我去过年,可惜已经有约了。他走后,我就同阴法鲁、石峻、冯文炳到汤先生家去,谈了会,吃了顿很丰富的晚饭,一直谈到过了十二点才回来,这古城里充满鞭炮声。

二十二日 今天是旧历元旦,早晨很早就醒了,躺到七点多起来,洗过脸,吃了两块点心。抄《西化问题的侧面观》,但心绪不好,抄不下去,到庄孝德屋里去闲谈了半天。十点半一个人出去到隆福寺街去看了看,没有人,就到东安市场去,人也很少,只好到东来顺去吃饭,吃完想到吉祥去听戏。想了想又走出来,买了点水果回来。牟有恒来,谈了半天。他走后,人觉得非常疲倦,躺下睡了会。马坚来,他走了,我

---

[1] 岑仲勉(1886—1961),学名铭恕,字仲勉,别名汝懋,广东顺德人。历史学家。撰著《佛游天竺记考释》,于1934年由上海商务印书馆出版。

又躺下。天黑下来的时候，庞静亭来，谈了会也就走了。吃了几块点心当晚饭，看报，八点就睡。

二十三日 早晨八点前起来，洗过脸，吃了几块点心，八点半同庄孝德出去到骑河楼去赶汽车。他忽然心血来潮，不去了。我于是就一个人坐汽车到清华去。下了汽车，到陈寅恪先生家，本来还想到学校里去看几个人，谁知一谈就到了十二点。陈先生学问之渊博，我还不能窥其涯矣，中国当代没有一个人能同他比的。在他那里吃过午饭，到学校里去了趟，各处都关着门。两点又坐汽车回来到东安市场吉祥影戏院去看"小蘑菇"的杂耍，非常热闹。五点多出来到东来顺去吃饭，遇到长之，吃完同他坐洋车到他家去闲谈，九点回来，苗仲华来谈，又到马祖圣屋里去谈了会，十一点半才睡。

二十四日 早晨很早就醒了。躺到七点多起来，洗过脸，到外面去吃早点，还没开市，到北楼去，却已经封了火，饿着肚子上汤先生的课。下了课，钥匙锁在研究室里了，费了多大劲才弄开门。长之来，我们去看杨振声，不在。我们就坐洋车到西单去找严灵，在她那里坐了会，一同到白云观去，我久仰白云观大名，今天还是第一次来。里里外外看了看，规模非常大，只是没有<卖>吃的，饿得有点难过。快到两点我们才离开那里,坐骡车到西便门,步行到西单,两个还营业的馆子都封了火,到一个小铺里吃了点元宵,就坐车回来。人非常倦,休息到五点,到北楼吃过晚饭,回来,八点就睡。

二十五日 夜里一夜大风,天气陡然冷起来。早晨起来,茶杯里都结了冰。洗过脸,同马祖圣、邓嗣禹到北楼地下室去,我请他们吃年糕。一直等到快九点,才炸完。吃完到图书馆去写给安平一封信,回来查了通信处,到邮局寄了,就到北楼系办公室去。十二点到地下室去吃饭,遇到老常,吃完一同到中老胡同去看沈从文。谈到两点回到图书馆,抄《西化问题的侧面观》,人有点头昏,回来看了看。五点半到中老胡同去,先去看朱光潜先生,六点到沈从文屋去坐了会,一同去吃饭,吃完又同到他屋里谈到八点回来。

二十六日 星期日 早晨七点半起来,洗过脸,出去看了看仍然没有早点可吃。到图书馆研究室去看了看,拿了几张纸,到阅览室去查类书,关于中国的相法的一部分。十点到长之家里去,谈到十一点半回来。到北楼地下室去吃午饭,吃完回来,看了会报,躺下,脑袋里昏成一团,却偏睡不着,起来抄《西化问题的侧面观》。今天外面仍然很冷,虽然太阳很好。四点多出去了趟,想买点面包烧饼什么的,但什么都没有，只好回来。五点到北楼去吃饭，吃完回来抄《西化问题的侧面观》。

二十七日 早晨七点前起来，洗过脸，出去吃过早点，到图书馆研究室去，抄《西化问题的侧面观》。九点出来到后门北大街买了点江米红糖，送给马子实，他太太刚生了小孩子。送下仍然回去，查关于"三十二相八十种好"的记载。十点多到北楼系办公室去，研究怎样作东方语文学系课程指导书。胃里似乎有毛病，什么东西也不想吃。十二点回到研究室，休息了会，抄《西化问题的侧面观》。两点到北楼去上课，三点下课，回到研究室抄论文。四点前回来，出去买了几个烧饼，回来打开一盒凤尾鱼，就着吃了当晚饭，抄《西化问题的侧面观》。马祖圣来谈，九点睡。

二十八日 夜里梦非常多，没能十分睡好。早晨七点起来，洗过脸，出去吃过早点，到图书馆研究室把《西化问题的侧面观》抄完。开始写《近十年来德国学者研究东方语文的成绩》。十点多到北楼系办公室去，十一点下去上汤先生的课，十二点下课同汤先生谈了谈学生公费的问题。到地下室吃过午饭，看了看报，就到长之家去。谈了会，我一个人到中德学会去，不久刘先生也去了，我查了几本书，坐下谈到四点多才回来，到图书馆去查了查《图书集成》。五点到对面小饭馆里去吃饭，吃完回来，看报。钟莉芳来，问梵文问题，接到 Prof. Sieg[1] 的信，大喜欲哭。

二十九日 夜里吃了两片 Abamin，早晨七点起来，洗过脸，出去吃过早点，到图书馆研究室去。昨天 Prof. Sieg 信上说 Prof.Siegling[2] 死了，我心里很难过，今天写一篇纪念他的文章。还在写的时候，彭先生去，不久周祖谟先生也去。他们走后，我仍然写，十一点多到北楼系办公室去。十二点到下面去吃饭，吃完回到研究室，把那文章写完。两点到北楼去上课，三点下课，同庄孝德到东安市场去买书，逛了半天旧书摊，每人买了一抱，回来到对面小馆吃过晚饭才回屋来。随便看了点书，十点前睡。

三十日 早晨七点前起来，洗过脸，出去吃过早点，到图书馆研究室去，写《近十年来德国学者研究东方语文的成绩》。九点后回来了趟，到邮局寄信和《西化问题的侧面观》给安平。

1　Prof.Sieg：西克教授，德国语言学家，作者在德国哥廷根大学的老师。
2　Prof.Siegling：西克灵教授，德国语言学家，与西克教授共同通读吐火罗语残卷，于1921年合作出版《吐火罗语残卷》(*Tocharische Sprachreste*)，1931年合作出版《吐火罗语语法》(*Tocharische Grammatik*)。

十点多到北楼系办公室去,写《近十年来德国学者研究东方语文的成绩》。十二点下去吃过午饭,同王森田到马子实家里去,约了他一同坐洋车到厂区去逛旧书摊。不像以前我在北平念书时候热闹。买了几部书,又到火神庙去看古玩字画,看玩【完】到前门搭汽车回来。五点到对面小饭馆吃过晚饭,回来,浑身非常疲倦,八点多马同庄来,九点半睡。

三十一日 昨晚因为太兴奋,躺下无论如何睡不着。早晨七点前起来,洗过脸,出去吃过早点,到图书馆去,写《近十年来德国学者研究东方语文的成绩》。九点到北楼去上汤先生的课,十点下课,回到红楼,到合作社领了一袋奶粉,到邮局寄一篇论文给金克木。回到研究室,钟莉芳去,十一点她走。我到北楼系办公室,写《近十年来德国学者研究东方语文的成绩》。十二点下去吃过午饭,同老常回来,谈到一点半。到研究室拿了书,就到北楼去上课,三点下课,本来想到市场去,想了想,又没去成。回来写论文,五点出去买了点饼,回来。马子实送我的门框胡同的牛肉,就吃起来,冯至来,一直谈到我吃完才走。不久牟有恒来,谈了会就走了,九点多睡。

二月一日 早晨七点起床，洗过脸，出去吃过早点，到图书馆研究室去，写《近十年来德国学者研究东方语文的成绩》。九点回来，同庄孝德去看周瑞珽，没有遇到，就又回到研究室去。十点到北楼去上课，十二点前下课，到下面吃过午饭，回到研究室休息了会。一点半多回来，两点后到骑河楼清华同学会去开同学会，有梅校长演讲。一直开到快六点才散会，回来的路上顺便买了几个烧饼，回来吃完。阴法鲁来，谈了会就走了。

二日 星期日 早晨七点起来，洗过脸，出去吃过早点，就到图书馆研究室去，看了会报，开始写《红楼梦小品之一：伶人》。十点多回来，不久同庄孝德到东安市场去逛了逛旧书摊。十二点到六国饭店去参加留德同学会聚餐，到的人非常多，我并没想到北京有这样多留德同学。吃着饭的时候，把主持人选出来。两点半散会，同沈殿华还有别人到他家里去，他已经有了三个孩子，活泼、可爱。一直谈到五点才出来，坐汽车回来。自己吃了点面包，就着牛肉，吃完写《伶人》。

三日 早晨六点才起来，洗过脸，写《伶人》。八点吃了两片面包，就到图书馆研究室去，写《近十年来德国学者研究东方语文的成绩》。十点多到北楼系办公室去，接着写。十一点半下去吃过午饭，回到研究室休息了一会，两点到北楼去上课，三点下课，找常凤瑑谈了谈，回来。四点坐汽车去看长之，我猜着他病了，果然，谈了会，豫图去。一直坐到外面黑下来才步行回来，到对面小饭铺吃过晚饭，回来看书，九点睡。

四日 早晨六点多起来，洗过脸，因为没有把稿子带回来，不能写什么，念《西藏文法》。八点出去吃过早点，到图书馆研究室去坐一会，看了看报。八点半回来拿了衣服到澡堂去洗澡，洗完回来放下衣服，又到研究室去。十点多到系办公室看了看，十一点下去上汤先生的课，十二点到地下室吃过午饭，到阴法鲁屋里去坐了会。一点半同他到东安市场去，我想买一件春大衣，跑了几家，结果订做了一身。两点半回来，在屋里吃了点点心。又到研究室去，写《伶人》。五点多到对面小饭铺里吃过晚饭，回来，写《伶人》。马祖圣、庄孝德相继来，谈了会就走了。九点姚从吾来，谈到九点半走。

五日 早晨七点前起来，洗过脸，吃了片干面包，写《伶人》。八点到研究室去，把《伶人》写完，回来写好信封，就到邮局去寄给安平。回到研究室，写了封信，又到阅览室去看《图书集成》。十一点到北楼系办公室，十一点半下去同汤先生谈了谈。下去吃过午饭，回来看了看，又回到研究室休息了会。两点到北楼去上课，三点下课同王森田、石峻坐汽车到雍和宫去，先去见西藏政府驻平办事处长，是一个在北平地位最高的喇嘛，他不大会说中国话[1]，有一个翻译。我的目的就＜是＞请他教我藏文。他先把字母念了遍，又把拼音讲了讲，最后念藏文《心经》，我的藏文程度虽然还不太高，但也得了许多奥妙，五点辞了出来。王先生说，平常人来见他，都要磕头，今天我没磕头，他居然还站起来迎送，可以说是殊礼。我们顺便去逛雍和宫，先看大殿，最后看著名的欢喜佛。出来到北新桥等电车，一等就是半天，上去车走得像牛一般。到北海下车，到王先生家去，他请我们吃晚饭，吃完八点半同石先生一同回来。

六日 七点起来，洗过脸，吃了点蜜供当早点。八点到图书馆研究室去，看了会报，到阅览室去查《图书集成》关于数学的一部分。我前几天忽然查到中国的数学，也受印度的影响。十一点到北楼系办公室去，十二点下去吃过午饭，又到阅览室去看《图书集成》。三点到长之家去，他的病还没全好，严灵去了，我们俩替他升【生】好炉子。五点出来到姚从吾家里

---

1 指汉语。

去，坐了会，五点半出来到东厂胡同去看胡适之先生，他病了，有几天没到学校里来办公，上下古今乱谈了一阵。邓恭三去了，约我到他家去吃晚饭，我就辞了出来，到恭三家吃过晚饭，八点半回家。

七日 早晨七点起来，洗过脸，吃了点蜜供当早点。八点到图书馆研究室去，看了会报，写《近十年来德国学者研究东方语文的成绩》。九点到北楼去上汤先生的课，十点下课，到邮局领了稿费来，同办事处主任朱家源谈了谈，他是清华同学。十一点到合作社看了看，人太多，就到北楼系办公室去，写论文。十二点前到下面吃过午饭，吃完回来看了看，回到研究室。休息了会，两点到北楼去上课，三点下课，到松公府去开教务会议。五点散会，到合作社买了点糖同肥皂。到东安市场去试大衣，还没完。到东来顺吃过晚饭，回来，看报。屋里太冷，八点半就睡。

八日 早晨七点起来，洗过脸，吃了几块蜜供。八点到图书馆研究室去，看了看报，到阅览室去看《图书集成》。十点到北楼去上周祖谟先生的课，十二点下课。到地下室去吃过午饭，回到研究室休息了会。三点到北楼礼堂去听汤先生的公开讲演《中印文化之融合》，主要的是说印度文化虽然影响了中国，但中国的文化并没有因而完全改观。四点半讲完，同常凤瑗到市场东来顺去吃肉饼，吃过逛旧书摊，又买了几本书，回来牟有恒来谈，十一点半才走。

九日 夜里吃了片 Abasin，早晨六点就醒了，七点前起来，洗过脸，吃了几块蜜供，孙衍畎来，我们一同吃。他走后，我就到图书馆去查《康熙字典》。九点半，到东四牌楼邮局送了封快信，到长之家去。梁实秋先生和豫图在那里，一直谈到十二点多同豫图出来。分手回来到对面小馆吃过午饭，回来休息了会。三点多出来坐汽车到李广桥去看一位神父司徒先生，谈到五点出来。坐汽车回来，因为不饿，只吃了几块蜜供当晚饭，八点多睡。

十日 早晨七点起来，洗过脸，出去吃过早点，到图书馆研究室去，写《近十年来德国学者研究东方语文的成绩》。到阅览室去查书，十一点前到北楼系办公室去，十二点到地下室去吃饭，吃完，到阅览室去查书。两点到北楼去上课，三点下课，休息了会，看了会报，到图书馆书库里去查书。四点半回来，肚子里觉得很饿，五点就到对面小馆去吃饭，吃完回来，看《风俗通义》，但不久灯灭了，点上蜡烛看了点，八点睡。

十一日 昨晚躺到十二点多还没睡着。早晨七点起来，洗过脸，出去吃过早点，到图书馆研究室去，进书库去查书。九点回到研究室，看李俨《中国算学史》，十点到北楼系办公室去，十一点下去上汤先生的课，十二点下课到地下去吃午饭，吃完回到研究室休息了一会。两点多回来了趟，到邮局寄了封信，又回到研究室看钱宝琮[1]《中国算学史》。五点到对面小馆吃过晚饭，回来，看报，看钱著《中算史》。不久就灭了灯，点上蜡，马同阴来谈。

十二日 早晨七点前起来，洗过脸，出去吃过早点，本来想买份报看，但一夜没电，印刷大概也受了影响，等到十点才买到一份。全国烽火遍地，金价物价高涨，人心浮动，我们中国的前途一片黑暗，念 Brāhmī 字母，到书库去查《太平御览》。十点半到北楼系办公室去，十二点前到地下室去吃饭，吃完到常凤瑑屋里去谈了谈。两点到北楼去上课，三点下课，

---

[1] 钱宝琮（1892—1974），浙江嘉兴人。数学史家，数学教育家。1911年获英国伯明翰大学理科学士学位。1925—1927年任南开大学数学系教授，1927—1928年任南京第四中山大学（后为中央大学）数学系副教授。1928—1956年任浙江大学数学系副教授、教授，其间曾任数学系主任，又曾兼任湖南蓝田师范学院数学系代理主任。1956—1974年任中国科学院中国自然科学史研究室（自然科学史研究所前身）一级研究员，《科学史集刊》主编。对中外数学比较和中外数学交流，做了很多开创性的工作，在《中国数学史》中，他列举出14项证据来说明中国数学对印度数学的影响。

回到研究室，看《中国算学史》。雪下了一天，现在还没停。四点半回来，五点出去吃晚饭，吃完回来看《世纪评论》，几次灭灯，大怒，躺下睡。

十三日 早晨七点起来，洗过脸，出去吃过早点，到图书馆研究室去。九点赵万里去，同他一同出去到景山上汽车到前门里去看一个古玩商人，他有很多梵文、畏兀儿文、藏文残卷。只有三片是用 Brāhmī 字母写的，索价三十万元，真是骇人听闻。十一点前出来到中国银行把剩下的钱取出来，到商务印书馆去了趟，坐车到东安市场，到东来顺吃过午饭回来，现在吃的东西天天在涨，真令人发怒。到研究室去看那三片 Brāhmī 残卷。四点回来一趟，又回去，五点到北楼地下室吃过晚饭，同马祖圣到他屋里去闲谈，又没有电，不久邓嗣禹也去了。八点我同马出去买了一盏灯。回来，电来了，看了会报。

十四日 早晨七点起来，洗过脸，出去吃过早点，到图书馆研究室去看了会报。九点到北楼去上汤先生的课，十点下课到教务处去送课程指导书，回到办公室，没能做什么事情。十一点半到地下室去吃午饭，吃完到图书馆阅览室去查书，两点到北楼去上课，三点下课。到长之家去，今天很冷，风非常大。谈到五点回来，到对面小馆吃过晚饭回来，王太庆来，李新乾送书来，屋里非常冷，他们走后我就睡。

十五日 早晨七点半起来，洗过脸，念《西藏文法》。八点出去吃过早点，到图书馆研究室去，看了会报，九点半到北楼系办公室去，十点上周祖谟先生的课，十二点下课。到地下室吃过午饭，到图书馆去看了看就出去到景山前等汽车，等到两点汽车才来。坐到中山公园下来到方雨楼家去送梵文残卷，谈了会出来到琉璃厂商务印书馆去买一本胡适《论学近著》，但太贵没买成。坐汽车到东安市场取出大衣，就又回来，风很大，冷。五点半出去吃过晚饭，回来点上洋油灯看报，看陈寅恪先生《唐代政治史述论稿》，九点睡。

十六日 星期日 早晨七点起来，洗过脸，出去吃过早点，到图书馆研究室去，看了会报，到阅览室去查《诗经》《易经》《礼记》《孟子》等书的索引，找关于数学的材料。十一点半到阴法鲁那里去，谈到十二点多，他留我吃饭，吃完一同到东单大楼去看电影《The Daltons Ride Again》。美国玩意儿反正离不了女人与手枪，这是美国文化的具体的象征。五点前出来，到东安市场分手。我上公共汽车到西单鼎古斋去还书帐［账］，同刘掌柜的谈了谈，坐洋车回来。风仍然很大，天气仍然很冷。吃过晚饭回来看报，九点睡。

十七日 早晨七点起来。屋里的茶杯都结了冰,其冷可知。洗过脸,吃了几块蜜供。八点到图书馆去,看了会报,借了一部《玉函山房辑佚书》,看了一部分。十一点到北楼系办公室去,下去同汤先生谈了谈,十二点前到下面去吃饭,同向达、常凤瑆谈了半天,回到研究室休息了一会。两点到北楼去上课,三点下课,正想回来看看,路上遇到严灵,于是就陪她去参观图书馆,在书库里看了个遍,又领她看研究室。五点到长之家去,问豫图的事情,他忽然被捕,真令人焦急。六点回来。吃过晚饭,到赵全屋里去坐了会,九点睡。

十八日 夜里非常冷,屋里又结了冰。早晨七点起来,洗过脸,吃了几块蜜供就到图书馆去。九点到邮局去寄信,又回到研究室,写给 Prof. Waldschmidt 一封信,十点半到北楼系办公室里,十一点半到地下室去吃饭,吃完回到研究室,休息了一会,看《玉函山房辑佚书》,到书库里去查了几本书。三点到豫图家去,同他太太谈了谈。四点回来,到图书馆去坐了会,五点到北楼去吃饭,吃完又到图书馆去,但又灭了灯,只好回到这冰窖里来了,八点睡。

十九日 早晨七点起来，洗过脸，吃了几块蛋糕。八点到图书馆研究室去，看《唐代政治史述论稿》，像这样的书才值得一写，值得一读。十一点到北楼系办公室去，汤先生去谈了谈，十一点半多下去到地下食堂去吃饭，吃完回到研究室休息了会。两点到北楼找到马子实先生，说了几句话，又回到研究室念 *Pañcatantra*。四点彭先生同马先生到研究室去闲谈，他走后不久我就到北楼去吃饭，吃完到研究室坐了会。六点半回来，屋里仍然像冰窖，外面风仍然大，八点睡。

二十日 早晨七点起来，屋里又结了冰，其冷可知。洗过脸，吃了几块蜜供，到图书馆研究室去看《唐代政治史述论稿》。九点到长之家去，风大得要命。同他一块到雍和宫去看打鬼，据报上说是十点开始，但一问才知道是过午才打，在太阳里站了会。向觉明、汤先生和一群北大人全去了，我们到蒙藏委员会驻平办事处去坐了会，他们要招待我们，一位副处长陪我们回到雍和宫在客厅里坐下，仍然是等。许多喇嘛站在那里敬烟倒茶，领我们去逛大殿。又回去，遇到杨敬之。一直等到三点才开始打鬼，人太多，也没能打好，只是虚应故事，一会就完了。我同长之到修绠堂去了趟，分手回来。吃过晚饭，理了理发。回来，屋里又冷得很，七点多就睡。

二十一日 早晨七点起来，洗过脸，出去吃过早点，到马子实家去了趟，就到图书馆研究室去，念 Pañcatantra。十一点前到北楼系办公室去，不久刘有信去，领他到注册组去办理退学手续。又回到办公室，十一点半下去吃饭，吃完回到研究室，仍然念 Pañcatantra。不久头就昏起来，回来看了看，外面天气很好，已经不像头两天那样冷了，回去仍然念 Pañcatantra。五点前到北楼去吃饭，吃完回来，李荣来谈。八点才走，我又看了会书，九点半睡。

二十二日 早晨七点起来，洗过脸，吃了几个花生当早点，八点到图书馆研究室去，念 Pañcatantra。到书库里去查了查书，借了一部赵一清作的《三国志注补》，回到研究室看起来。十一点到北楼系办公室去，在教员室里遇到蒯叔平，谈了半天。十一点半下去吃午饭，吃完回来看了看，又回去。三点到松公府蔡先生纪念堂去参加汤先生茶会，胡适与朱孟实都到了。五点出来，到市场去买了两份报，到中原书店去看了会书，回来吃了点花生来当晚饭。到李荣屋里去闲谈，回来看《中央研究院集刊》，十点庄孝德来，十一点走。

二十三日　星期日　夜里失眠，吃了半片Phanodorm[1]。早晨七点起来，洗过脸，吃了几个花生当早点，八点到图书馆研究室去，抄 Pāli āsīyali，一直抄了一早晨才抄完。十二点到松公府蔡先生纪念堂去，胡适之先生请客，同请的有陈垣、沈廉士[2]、余锡嘉[3]等，吃完谈到快三点才辞了出来。回来看了看就到豫图家去，他居然已经被放了，真是大喜过望。谈到五点半多回来，到北楼吃过晚饭，到王利器屋里去借书，又回到李荣屋去闲谈。八点多回屋，马祖圣来谈，不久就走了。潘家洵[4]来告诉我，王岷源[5]来了，我于是就出去到袁家骅家去看他，谈到十点半多才回来。

二十四日　早晨七点前起来，洗过脸，出去吃过早点，到图书馆研究室去。九点多岷源去，我领他到总办事处去办手续，办完又回到北楼来看房子，本来不成问题的，然而也要打电话，费许多手续，这是北大作风。把房子弄好，到北楼去看

1　Phanodorm：芬那达明，安眠药。
2　沈廉士（1887—1947），陕西汉阴人，中国语言学家。
3　余嘉锡（1884—1955），字季豫，湖南常德人。当代著名目录学家，古文献学家。曾任辅仁大学文学院院长、国文系教授，中国科学院语言研究所专门委员等职。
4　潘家洵（1896—1989），江苏苏州人，中国翻译家。
5　王岷源（1912—2000），四川巴县人。1934年毕业于清华大学外国语文系，是作者的清华同学。1938年入耶鲁大学，先后在该校语言学系及英文系学习研究。1946年回国后在北京大学西语系任教授，直到退休。

了看，就到地下食堂去吃饭，吃完一同回到研究室，他坐了会，走了。我看大藏经。汤锡予先生来，拿给我一张Brāhmī文的拓片。在他来以前长之同豫图去过。五点岷源去，六点一同到北楼去吃饭，吃完到中老胡同去拿东西。回来严灵来。马祖圣、庄孝德来谈，十点睡。

二十五日 早晨五点就醒了，躺到六点多起来，洗过脸，看了会书，八点前出去吃过早点。到图书馆研究室去，随便看了点书，九点到北楼办公室去留了一个条，就坐洋车到北平图书馆去。找到丁先生，领我到书库里去查巴利文佛典，我想看一看全不全。十一点多回来到系办公室去看了看，下去吃过午饭，回到研究室，休息了会，回来看了看，又回去，寄给Prof.Sieg一封信。五点方雨楼去，谈到六点走。我到北楼吃过晚饭，回来，看报，李新乾来，岷源来。他们走后，我到石峻屋里去谈了会，他又跟到我屋里来看书，十一点睡。

二十六日 早晨很早就醒来。七点起来，洗过脸，吃了几个花生当早点，八点到图书馆研究室去，到书库里去借了部书。九点岷源去，同他一同到金城银行去领钱，领出来就到邮局去汇钱给家里，汇完到北楼系办公室去看了看，到下面同汤先生谈了谈，就到地下食堂去吃饭。吃完回到研究室休息了会，回来看了看，又回去。外面忽然下起雪来。五点前到北楼吃过晚饭，回来，看报。李新乾来，拿给我一本元版《庄子》看。岷源来谈，我又到庄孝德屋里去闲谈。十点邓嗣禹来谈，十一点睡。

二十七日 早晨六点半起来，洗过脸，喝了杯牛奶粉，就到研究室去，念西藏文。无论什么学问都不容易。十点多到北楼系办公室去，开始写一篇短文，谈一个在中国和欧洲都有的笑话。十一点半下去吃过午饭，到阴法鲁屋去闲谈。等他吃完饭，我们一同出去到大华去看电影，《双凤缘》。五点前出来到东安市场去逛旧书摊。回来还没上楼遇到王利器，告诉汤先生找我到胡校长家去开会，我立刻坐上洋车去了。原来是为了学生罢考的事情，一直讨论到八点。吃过晚饭，又谈了谈，我就同朱孟实出来，回来先到阴法鲁屋去谈了谈，十点半出来。

二十八日 早晨七点起来，洗过脸，喝了杯牛奶粉，就到研究室去。本来预备到清华去，又怕今天开会，终于没去成。把《一个流传欧亚的笑话》写完，到北楼系办公室去看了看。十一点半下去吃午饭，吃完遇到岷源，回来看了看，立刻又回来<到>图书馆去。看了学生这情形，简直是一群土匪。我们这些所谓教授拼上命也不过造就一群土匪，一点意义都没有。我心里非常撇[别]扭,很想辞职,或去作[做]生意,或去作[做]官,我觉得什么都比作[做]教书匠好。三点又回来了趟,仍然回去,心绪很乱。四点多出去买了点花生米馒头,回来吃完看报,到李荣屋去谈。岷源、庄孝德来谈。

三月一日
早晨七点起来,洗过脸,喝了杯牛奶粉,到图书馆研究室去看了看,就到骑河楼去等汽车,到燕大下来,到朗润园去,找 Fuchs,谈到十一点。出来到城府邮局去领出稿费来,就到清华去,先到东里吃过午饭,到图书馆去看了看。阅报室关了门,没有办法到大礼堂前面去坐了会,忽然起了风,立刻就下起雨来。到第一院去站了会,又回到图书馆,遇到毕树棠,正在谈话的时候,吴晗去了。三点到陈寅恪先生家里去,把我的论文《sakāya niruttiyā 的解释》念给他听,他说可以在中央研究院历史语言研究所集刊上发表。五点出来,又坐汽车回来。到北楼吃过晚饭,到阴法鲁屋去谈了谈,回来,九点睡。

二日 星期日
夜里一夜大风,天气又忽然冷了起来。早晨七点起来,洗过脸,喝了杯牛奶粉。八点到图书馆研究室去,随便看了点书,李新乾去。刚走,马子实去,谈了会就走了。十一点半到北楼去吃过饭,回到研究室,看了会书,回来看了一趟,又回去,风大得惊人。五点到北楼地下食堂去吃晚饭，吃完回来，看了会报。外面的风似乎小了点，层里也不像刚才那样冷了。不久向先生来，他说他听到钢和泰[1]夫人要卖书，让我写一封德文介绍信，明天到她家去看。到处找打字机找不到，我出去到马子实家，请他明天代表我出席教务会议。回来到杨人楩屋，把信打好，回来十点多睡。

三日 早晨七点起来，洗过脸，吃了几片饼干。看《西域南海史地考证译丛》。九点同邓嗣禹到图书馆去，见了毛先生，就同邓坐胡校长的车到奥国府去找钢和泰的太太，看她要卖的书。结果是大失所望，根本没有什么有价值的书。出来坐汽车到北京饭店看了会书，又同邓到秀鹤去看书，看完坐公共汽车回来。到系办公室去看了看，下去吃过午饭，回到教研室休息了会，心绪乱得很，想买书，但没有钱，急得心焦如火。四点出去买了几个馒头，回来吃完。向先生来谈，常凤瑑来，六点前他们走。我到李荣屋去谈了谈，又到楼上找苗仲华，一直谈到十点多才回来。

四日 早晨七点起来，洗过脸，吃了几片饼干，八点前到图书馆研究室去，写给袁守和先生一封信。八点半到北平图书馆

---

[1] 钢和泰（Alexander von Staël-Holstein, 1877—1937），俄国男爵，汉学家、梵语学者。后寓居中国，任教于北京大学，著名学者陈寅恪与胡适都曾跟从钢和泰学习梵文。

去，会到王森，一同进去，查西藏《甘珠尔》[1]。费了好半天劲才把书找到，一直快到十二点才把《根本说一切有部杂事》里我想用的一段找到。下去看了看报，就出来，在三座门一个小馆里吃了几个烧饼油条。回来，到研究室去，休息了会，去找阴法鲁打电话要书，遇到严灵，领她到研究室去谈了谈。她走后，我回来拿了衣服去洗澡，洗完到北楼吃过晚饭回来，到李荣屋去谈了会，九点睡。

五日 早晨七点起来，洗过脸，吃了几块饼干，喝了杯牛奶粉。八点到图书馆研究室去，看《大藏经》，想把变文的"变"字研究一下。到阴法鲁屋里去了趟，到秘书室写借条借研究补助费，遇到岷源，同他到北楼系办公室去看了看。他走后，看 *Die Sprachwissenschaft*[2]，Jandfeld-Husen 著。十二点前下去吃过午饭，回到研究所，休息了会，回来看了看，又回去，念王森抄的西藏文译本《根本说一切有部杂事》。觉得学一种文字真不容易。五点到北楼去吃饭，吃完同邓嗣禹、杨翼骧回屋来谈了谈，他们走后，李荣来谈。他不久就走了，看 *Die Sprachwissenschaft*，九点睡。

---

1 《甘珠尔》：意译为教敕译典，也称正藏译典，为西藏所编有关佛陀所说教法之总集，包括经藏与律藏两大部分。
2 *Die Sprachwissenschaft*：《语言学》。

六日 早晨七点起来，洗过脸，吃了几片饼干，念《西藏文法》。八点前到图书馆研究室去，看 *An Introduction to Modern Linguistics*[1]，Palmer 著。九点出去到后门邮局去取信，回到研究室又看了会。十一点多到北楼系办公室去，十一点半下去吃过午饭，回到研究室休息了会。一点半到东安市场去看了看书，买了部 *Mahāvamsa*[2] 的英译本。三点回到研究室念西藏文。四点半到北楼地下食堂去吃饭，吃完回来看报。七点前李新乾来，拿了几本书走。九点睡。

七日 早晨六点半起来，洗过脸，念《西藏文法》，吃了几片饼干，仍然接着念。不知从什么时候起下起雪来，地上已经积了很厚，但仍然未停。八点半冒雪到图书馆去。看 *Modern Linguistics*，念《西藏文法》。十一点到北楼系办公室去，雪又不知道从什么时候起停了，出了太阳。十一点半下去吃过午饭，到洗衣铺取出衣裳，回来看了看，又回去。余秘书去谈，休息了会，念藏文《根本说一切有部杂事》，念《西藏文法》。四点多出去买了点花生米、面包回来吃了，屋里冷得很。到庄孝德屋里去坐着，看了半天书，八点多回来就睡。

---

1 *An Introduction to Modern Linguistics*:《现代语言学导论》，帕尔默著。
2 *Mahāvamsa*:《大史》，佛教史籍。早期巴利文的斯里兰卡王朝与佛教的编年史，亦名《大王统史》。

八日 早晨七点起来,一夜大风,屋里又成了冰窖。喝了杯牛奶粉。八点到图书馆去,还没有开门,到北楼去等了半天,又回去。门开了,进去念西藏文。马子实去,谈了会就走了。十点多到北楼系办公室去,念西藏文。十一点半下去吃过午饭,又回去坐了会,回来看了看,屋里冷得坐不住。冒风到修绠堂、文奎堂去看了看,回来,想到北楼办公室去,但工友不在,进不去只好回来,围了毡子看《西藏文法》,仍然是冷。五点前到北楼吃过晚饭,回来到庄孝德屋里来看书,九点前回来睡。

九日 星期日 早晨七点半起来,洗过脸,喝了杯牛奶粉,吃了几块饼干,等到九点到图书馆研究室去,那里也是冷,勉强念《西藏文法》。十一点半到北楼去吃饭,吃完到阴法鲁那里去,在院子里晒了会太阳,等他吃完午饭,我们一块到女青年会去参加李鲸石结婚典礼。人到的非常多,一直到四点多婚礼才举行,我总觉得不中不西,不伦不类。我们出来到市场遇到庄孝德,去看了看旧书,回来在庄屋里坐了会,到阴那里去吃饭,八点半回来。

十日 夜里醒来,好久没有睡着。早晨七点起来,洗过脸,吃了几片饼干，屋里冷得要命。八点到图书馆去，没有开门。回来等到八点半多又回去，门开了，但研究室里也是冷，仍然坐不住，就到北楼系办公室去看 *Introduction to Modern Linguistics*。十一点半下去吃午饭，吃完回来，冷得受不了，下去到太阳里去站了会。等岷源吃完，一同到南夹道去逛小市，从那里到中原书店去看旧书。四点回来，外面风和日丽，屋里还是冬天。五点田价人来，坐了会，领他到北楼地下食堂去吃晚饭，吃完，他就走了。回来看了会书，八点多就睡。

十一日 夜里梦非常多，没有睡好。早晨七点前起来，洗过脸，吃了几片饼干，喝了杯牛奶粉，看 *Introduction to Modern Linguistics*。九点到研究室拿了书到北楼系办公室去，把 *Introduction* 看完，看 *Sprachwissenschaft*。十一点半下去吃过午饭，又回到办公室去念西藏文《方广大庄严经》关于数的那一部分。邓嗣禹去，送给我一篇文章让我转寄，文章写得很坏，又有别字，有点不知趣。两点多回来，到庄孝德屋里去谈了会，回来看了会书，出去到东厂胡同去访张政烺[1]，不在。回来，不久长之来，闲谈了会，到北楼吃过晚饭，又回来闲谈，他八点半走，我九点多睡。

---

[1] 张政烺（1912—2005），山东荣成人。我国著名的研究中国古代史的专家，在古文字学、古文献学等领域有很高的造诣。1946年曾受聘到北京大学历史系任教授。

1947年

十二日 早晨七点前起来，洗过脸，吃了几片饼干，围上毡子念西藏文，看 Die Sprachwissenschaft。今天是孙中山逝世纪念日，放假，图书馆同北楼都去不成，只好呆在屋里挨冻。十一点半到北楼地下食堂吃午饭，吃完回来，仍然围上毡子，稍稍休息了一会，又看 Die Sprachwissenschaft。两点前出去到市场同文书店去看梵文书，回来人身上很难过，好像病了似的，躺下睡了会。王利器来，告诉我文渊阁有一部《世说新语》，我立刻就去看了看，并不大好。买了几个烧饼，回来吃完看报，看《读书通讯》，八点多又没了电，我也就睡。

十三日 早晨七点前起来，洗过脸，吃了几块饼干，看了会书。八点多到图书馆去，九点多回文书店把我昨天订的《女师大学术季刊》送了去。九点半到北楼系办公室去，看关于中国古代大数记法的笔记，又回到图书馆到书库里去查《抱经堂全集》。十一点半回到北楼，到地下食堂吃过午饭，到图书馆阅览室去看 Jesperson[1] 的 Language[2]。两点又回到北楼系办

---

[1] Jesperson：奥托·叶斯柏森（Otto Jespersen，1860—1943），是享誉国际的丹麦语言学家，被公认为百年来英语语法的最高权威。
[2] Language：叶斯柏森著作《语言论：语言的本质、发展和起源》（Language: Its Nature Devolepment and Origin）。

公室，看《女师大学术季刊》，写了几封信。五点前下去吃过晚饭，回来同王岷源到冀老先生屋里去坐了会，回屋来看报，外面大风如吼，屋里很冷。八点灭灯，就睡。

十四日 早晨七点起来，洗过脸，吃了几片饼干。八点多到图书馆去，在西文阅览室找了个有太阳的地方坐下，看Jesperson, *Language*。十点前到北楼系办公室去，接着看。马先生去，一闲谈就谈到十一点半，他刚走，我就下去吃饭，吃完回来看了看，又回到图书馆楼上，看Jesperson。到书库里去查了查书。三点同冯至到毛子水屋里去，等他讨论中德学会的事情。我因为还要去开教务会议，谈了会就到松公府去。今天讨论二分之一不及格是否退学的问题，空气颇紧张。四点多散会，到马子实家去，他不在，又回到图书馆看书。五点到北楼去吃晚饭，吃完回来。又出去到东厂胡同去看张政烺。谈到八点半回来，邓嗣禹同周一良来，一直谈到快十一点才走，先在我屋里，后到邓屋里，最后又到王岷源屋里。

十五日 早晨七点起来，洗过脸，出去到对门小饭馆里吃了两个烧饼，就到图书馆去。还没开门，在太阳里站了半天，门开进去，看*Language*。十点多到北楼系办公室去，写给Prof.

Sieg 一封信。十一点半同王森下去到地下食堂去吃饭，吃完同他一同到隆福寺文渊阁去看藏文佛经。看完又到修绠堂去看敦煌写经。出来又到一家书铺去看了看书，分手去看长之，不在。到大佛寺佛经流通处去看了看，回来，休息了会。四点出去到豫图家去，他请我们吃饭，不久长之、豫图同一位高公都去了，最后去的有黄氏夫妇。吃了一顿非常丰富的晚餐，谈到九点半回来。

十六日 昨晚吃的太多，半夜里醒了，胃里很难过，半天没睡着。早晨七点起来，洗过脸，看了会《西藏文法》，八点多到图书馆去，看 Jesperson。十点回来，董剑平来，谈到十一点，一同到松公府去看阴法鲁，胡天禄在那里。坐了会，我们就出来。分手到北楼地下食堂吃过午饭，回来，屋里仍然是冷，人又疲倦。脱了衣服躺下，偏又无论如何睡不着。三点起来到对面操场里太阳里去站了会，四点回来，人忽然觉得浑身难过，六点就上床躺下。

十七日 早晨勉强起来，人仍然很难过，一点东西都不想吃。洗过脸，到图书馆大阅览室里去坐下看 Language。十点前到北楼系办公室去，十一点的时候，人发烧热度很高，头昏眼花，支持不住。就回来躺下，一直糊里糊涂地躺到过午四点，牟有恒来,才起来。同他闲谈了半天。他走后,又到岷源屋里去同常风璩去闲谈,回来仍然躺下,天黑的时候,有人叫门,起来一看,是张政烺,同他谈了谈,他就走了。我仍然睡下。

十八日 早晨七点半起来,人似乎好多了。胃里也有点觉得饿,想吃东西。洗过脸,出去到对面小馆里吃了几个烧饼,就到图书馆去,看 Language。十点到邮局去寄信,同朱家源谈了谈。十点半到北楼系办公室去,又下去同汤先生谈住房子的问题。回到办公室,马子实去,十二点多走。下去吃过午饭,回来,躺下睡到三点起来,其实没睡着。到图书馆去看了看报,又看 Language,五点到北楼地下食堂去吃饭,吃完回来,到李荣屋里去闲谈了会,七点半回来,又灭了电,就睡。

十九日 早晨七点起来,洗过脸,出去喝豆浆吃烧饼,吃完到研究室去看了看。就出去等汽车到前门去,下了车走到门框胡同,买了一斤酱牛肉,又回到前门坐汽车回来。到北楼系办公室去,韩镜清去,谈了会就走了。十一点半下去吃饭,吃完同杨翼骧到楼下去理发,理完上楼来休息了会,又到图书馆去看了会书。三点到翠花胡同去找汤先生,一同去看Bagchi[1],不在,我就回来。牟有恒来,谈了会,又到图书馆研究室去谈了半天。五点多到北楼吃过晚饭,到图书馆坐了会回来。七点前到从文家去,他太太来后我还没去看过。他两个小孩子很可爱。谈到九点多回来,他送了我一本《月下小景》。

二十日 早晨七点起来,洗过脸,出去吃过早点,到图书馆去,在阅览室里坐了会,到研究室去查西藏文。十点汤先生领了Bagchi去,谈了几句话,我就领他去参观书库,又到北楼系办公室去看了看,十一点送他走。今天风简直像发了疯,大得要命。十一点半下去吃过午饭,到阴法鲁屋去谈了谈,又回到图书馆。三点半到北楼去看了看报,到研究室去看Jesperson,预备讲义。五点下去吃饭,吃完到图书馆去念西藏文。七点多回来,屋里又冷起来,八点躺下,十点又起来,仍同周一良、邓嗣禹、王岷源闲谈,十点半睡。

二十一日 夜里又吃安眠药,早晨七点起来,洗过脸,出去

---

1 Bagchi(Prabodh Chandra Bagchi, 1898—1956),中文名师觉月,印度佛学家、汉学家。通晓古汉语、梵语和中亚语言,专门从事中印佛教文化交流史的研究。到中国留学时,任北京大学访问教授。当时接待、照管这位印度学者的任务,胡适全权委托给了作者。

吃过早点,就到图书馆去。九点到北楼去听汤先生的课,十点下课,回到研究室,等Bagchi,但他没去。我到金城银行领出三月份的薪水。十一点到北楼系办公室去,看Jesperson。十一点半下去吃过午饭,回来喝了点水,两点又到北楼去上课,只有钟莉芳一个人,谈了几句话,就下课。遇到岷源,同他一同去看长之,谈了会,同坐洋车到北京饭店去,我买了一本Kellogg的 *A Gramma of the Hindi Language*[1]。逛了逛小市回来,到对门小馆吃过晚饭,回来,看《世纪证论》。

二十二日 夜里又出汗,足见神经又有了毛病。早晨七点起来,洗过脸,吃了点饼干。八点到图书馆去,看了会报。九点到北楼去上课,是语言学,今天是第一堂。十点下课,同Wilhelm谈了谈,又去上周祖谟的课,十二点下课,到下面吃过午饭,到图书馆抄给Prof.Waldschmidt的信。两点前回来,三点又回去。四点到阴法鲁那里去,胡天禄已经在那里,不久庄孝德也去了。我们就出发,坐汽车到中山公园去。今天是高中校友聚餐,到的人数真不少,我们在"来今由轩"吃饭,是西餐。吃完八点才散会出来回家来。到庄孝德屋里去谈了半天。十点半睡。

---

1 *A Gramma of the Hindi Language*:《印地语语法》,凯洛格著。

1947年

二十三日　星期日　早晨七点前起来,洗过脸,吃过几块饼干,八点到图书馆去看了看,九点前回来,九点多到翠花胡同去看 Bagchi。谈到十点半才回来,同了岷源去坐洋车到北大医院去看杨振声先生,坐到十一点半出来,到辟才胡同去看黄明信,不在。就同岷源坐车到市场东亚楼去,不久秦瓒、苗仲华、邓嗣禹也去了,我们一同吃过午饭,到市场里面去逛了逛,三点多回来,休息了一会,看 Otto Jesperson, *Language*。五点多到北楼吃过晚饭,回来,看 Jesperson。牟有恒来,立刻就走了。我仍然看 Jesperson。

二十四日　早晨七点起来,洗过脸,出去吃过早点,就到图书馆去。外面风大得要命。九点前到北楼系办公室去,看 Jesperson。马子实去,王岷源去,常风瑑去,还有王森田的一位朋友去,闹嚷嚷一早晨,没能作[做]什么事。十一点半下去吃午饭,吃完到图书馆去,看 Jesperson。两点半到北楼教员休息室看报。三点上课,四点下课,回到红楼到合作社去领了一个社员证。五点到北楼吃过晚饭,到苗仲华屋里去闲谈,九点回来。

二十五日　早晨六点半起来,洗过脸,喝了杯牛奶,八点到图书馆研究室去，看了会书。九点到邮局去寄钱寄信，一寄就是一个钟头，十点回到研究室，Bagchi 去找我，我们一同出去到国立北平图书馆去，丁先生领我们到书库里去看了看，我们又拜访了袁守和一下，十一点半回来。到北楼吃过午饭，到阴法鲁屋里去闲谈。两点回来看了看，回到研究室看 Jesperson。三点回来拿了东西去洗澡，洗完回来放下东西，回到研究室，方雨楼去找，五点半走。到北楼吃过晚饭，回来看了会报，李荣同石峻来谈，九点多石走。王岷源来，他走后，我又到李荣屋去闲谈，十点才睡。

二十六日　早晨七点前起来，洗过脸，念《西藏文法》。八点到研究室去，坐了会，肚子里忽然饿起来，出去吃了几个烧饼油条。又回到研究室，抄《sakāya niruttiyā 释义》。十点前到北楼系办公室去，查西藏文字典。十二点下去同王、常吃午饭，吃完到图书馆去休息了一会，看了看报。两点到北楼去上课，三点下课，回来找到岷源同苗仲华，一同出去，坐洋车到中山公园去玩，看了三个画展，又步行到长安市场去逛旧书店，买了《史语所集刊》。七点半去吃饭，吃完八点半回来，十点睡。

二十七日　早晨七点前起来，洗过脸，看了会书。八点到图书馆去，写给 Fran Oppel、王钧冀、孙陵、王福山各一封信。九点到邮局寄了。九点半到翠花胡同找 Bagchi 送给他书，谈了会，同他到隆福寺修绠堂去看书。十一点半回家，到北楼系办公室去看了看，下去吃过午饭，同岷源回来，刚躺下想睡一会，郝叶江来，访[询]问东方语文学系的情形，不久□[1]福堂来，马子实来，两点半他们走。三点到松公府去开教务会议，仍然是讨论二分之一不及格的问题。结果是推翻四次的议决案，心里非常不痛快。到北楼吃过晚饭，回来阴法鲁来，谈到七点多走。我看了点书，十点睡。

二十八日 六点半起来，洗过脸，出去吃早点，吃完到图书馆研究室去。九点到北楼去上汤先生的课，十点下课，到系办公室去，本来想看一点书，马子实去，一谈就到十一点多。十一点半到教务处去了趟，十二点同马、王到马家去，他请我们吃饭。吃完坐了会，回到研究室。两点到北楼去上课，三点下课，回到研究室，严灵去，坐了会就走了。我到阅览室去查书，五点到北楼吃过晚饭，坐车到长之家去。严灵在那里，她先走。我等长之吃过晚饭，一同到平安去看电影 Deserizory，七彩片，还满意。十点多回来，到岷源屋谈到十一点。回来睡。

---

1 原文难以辨认。

二十九日 今天是青年节，放假，七点前起来，洗过脸，出去吃过早点，回来看书。九点到翠花胡同去找 Bagchi，同他一同到故宫博物院去，我虽然以前在北平住了四年，故宫博物院我还没来过，里面扫得很干净，松木翁郁、宛如仙境。一个院子套一个院子，简直数也数不清。有的屋子里还有东西陈列，古画、磁［瓷］器、鼎彝都有。我们一直逛到十二点，这一路还没逛完，仓仓促促出来。坐洋车到市场去，到润明楼，我请他吃午饭，结果每个人吃了两份，我们一同走回来。分手回来休息了会，到岷源屋里去闲谈，回屋念西藏文。五点前到中老胡同冯至家坐了会，到北楼吃过晚饭，到杨丙辰先生家坐了会，只他太太在家。回来，念西藏文，十点睡。

三十日　星期日 早晨六点多起来，洗过脸，看了会书，八点前出去吃早点，吃完到图书馆去看了看，不久回来，念西藏文。十点出去到豫图家去，不久长之也去了。十一点半长之、豫图、我同豫图太太的弟弟和蒋龙翔出来到北海去逛了一圈，从后门出去到什刹海烤肉季去吃烤肉，这次口味比在东来顺好多了。饱吃一顿，两点半多了才回来，休息了会。郝叶江来了一位北大同学贺君来，也是新闻记者，谈到四点走。我又躺下休息了会，五点多出去遇到阴法鲁。同他坐车到紫光去看电影《小飞象》,是卡通片。散场回来到小小食堂吃过晚饭,回来看西藏文。

三十一日 早晨七点前起来,洗过脸,看了会书,出去吃过早点,到图书馆研究室去。因为看了 Bagchi 一篇文章,我自己的论文也要极大改作,今天早晨就思索怎样把新材料加进去。七点 Bagchi 去,我领他到书库找了本书,要了一个借书证。又领他到邮局去了趟,十一点多他走,我到系办公室去看了看。十二点下去吃饭,吃完看到外面下起雨来,到办公室去坐了会,回到研究室看了会书,两点到北楼去上课,一上两堂,人颇疲倦。回到图书馆,听说周一良来,赶忙回来,没遇到。到岷源屋,谈了谈,就到外面小小食堂去吃饭,吃完回来,看了会书。到庄孝德屋里去坐了会,十点多睡。

四月一日 早晨六点才起来,洗过脸,看了会书。出去吃过早点,到图书馆研究室去,改作《sakāya niruttiyā 释义》,十点多到北楼系办公室去,没能作[做]什么事。汤先生去,谈买书的事情。十一点下去上汤先生的课,十二点下课,到地下食堂吃过午饭,回到研究室,两点前回来看了看,又回去到书库里去查了几本书。三点出去坐洋车到北京饭店去,买了一本Pischel的Śakuntalā¹。我好多年想买的一本书，现在居然买到了。外面风非常大，刚回来，吕宝东来，王岷源也到我这里来闲谈，张铁弦²来。六点同吕、王到松公府去吃饭，吃完到冀老先生屋里去闲谈。十点前回来，不久睡。

二日 早晨六点多起来，洗过脸，出去吃过早点，到图书馆研究室去，念西藏文。七点到北楼系办公室去，随便看了点书，就到十一点，同王森田讨论西藏文化问题。十一点半下去到地下食堂吃过午饭，回到研究室，休息了会。两点到北楼去上课，三点下课，又回到研究室，精神只是不集中，没能作［做］什么事情。五点的时候，身上忽然觉得难过起来，走路腿也发软。到对面小馆吃了点东西，一摸头上像火热，大概在发烧。吃完回来，坐不住，就收拾躺下。

三日 昨夜吃了半片Phanodorm，一夜安睡。早晨起来，居然没了病。洗过脸，出去吃过早点，到图书馆研究室去，念西藏文。写《我们应该同亚洲各国交换留学生》。十一点半到北楼

---

1 Śakuntalā：《沙恭达罗》，印度古代诗人和戏剧家迦梨陀娑作品。1956年，中国首次出版由季羡林依据梵文原著翻译的《沙恭达罗》。
2 张铁弦（1913—1984），吉林人。1935年后历任汉口《大光报》编辑，西安《解放日报》编辑，曾在北京图书馆、伪国立北京图书馆研究所任职，1949年后历任北京图书馆代理秘书长、副馆长，人民文学出版社编译。

去找熊秘书谈写信给埃及公使的事情，谈完就到办公室去，看 language。十二点下去吃过午饭，回来，外面风非常大。从北楼走到红楼就等于过一关。躺下睡了会，老常来。两点半回到研究室，到书库去查书，想写一篇《外国文里的复词编义》。五点到北楼地下食堂吃过晚饭，回来，牟有恒来，谈到十点多才走。

四日 今天学校放春假一天，早晨七点起来，洗过脸，出去吃过早点。回来，把《我们应该同亚洲各国交换留学生》写完，看 Jandfeld-Husen, *Die Iprachwirsiuschaft Sprachwissenschaft*。十二点同岷源到理学院对面小馆去吃饭，吃完回来，躺下休息，但躺下还不久，浑身就发起冷来，现在毫无疑问是疟疾复发，浑身抖成一个，呼吸也感到困难，发过冷，又照例发热，一直躺在床上，呻吟辗转，睡又睡不着，真可以要命。

五日 夜里睡得也不好。早晨醒了，头仍然是痛昏。但八点就有课，又不能不早起来。洗过脸，什么也不想吃，就到图书馆去，拿了书到北楼去上课，十点下课，又去上周先生的课。他没去，大概早请假了。我到注册组去了趟，交涉替 Bagchi 印讲义。十一点回来，头昏得要命，赶快躺下，午饭也没有吃，一直躺到两点。起来到注册组去了趟，从那里到翠花胡同去看 Bagchi。两点半回到注册组，拿了印好的讲义，到北楼去，Wilhelm 去。不久胡校长、汤先生同 Bagchi 去，三点 Bagchi 开始讲，题目是 *The Foundation of Indian Civilization*。胡校长用英文作了一个介绍，四点讲完，回来，又躺下休息。六点半同岷源到袁家骅家去，他请我们吃晚饭，吃完谈到九点，到沈从文家看了看，十点回来。

六日 夜里一夜没睡，人发烧得一塌糊涂，最少有四十一度，当然一点都睡不着。第二天人更烧得一塌糊涂，躺在床上，呻吟不停。简直连头都抬不起来，一口水都没有喝，当然更谈不到吃东西。今天是礼拜天，我把门关了，屋里就成了一座地狱，我就是这里面受煎熬的鬼。似乎有人来，敲过门，我当然不能起来开，就这样在发昏中过了一天。

七日 早晨醒了，人似乎好了一点，但仍然发烧，不能抬头，只能喝一点水，东西一点都不能吃。想遍了世界上的东西，只有想到德国的食物的时候，胃里还不作呕。勉强起来，下去看周瑞珽大夫，也没说出所以然来。回来仍然躺下，一到过午，烧又来了，躺在床上呻吟不止，我让工友给豫图打了个电话，六点他来，测验温度是40.5度，高得惊人。他走后，我仍然发烧，吃了他给的药，有几次想吐。

八日 早晨醒了觉得病好一点,但人仍然是糊里糊涂,东西当然一点都不想吃,而且一想到就作呕。躺在那里,浑身难过且不说,实在也真无聊,翻一个身,要费半天劲。虽然时常有人来看,但我不能同他们谈多少话,脑筋里似乎已经停止了作用,也没有什么很清晰的思想。过午豫图来,测验温度是39.8,比昨天减了。但他并不满意。今天过午严灵来。

九日 同前几天一样,早晨人似乎清醒一点,但仍然不能起来,连欠一欠身都困难。一到过午仍然发烧。六点豫图来,温度38.5,比昨天又减了。他说,验血的结果,没有大妨碍。本来他希望我能到医院去化<验>,现在不必要了,我也很高兴。

十日 早晨醒了,觉得确是比前几天好,但仍然不能抬头,东西仍然不能吃。起来到便所去一次,就像唐僧到西天取一次经。过午豫图来,测验温度,结果是36.8,是正常温度。我谢天谢地,不要再吃出汗的药了。出了汗,浑身是水,被子枕头衬衣都是湿的,但又不敢动,怕伤风。这滋味比发烧过四十度还难过。

十一日 比昨天又好了,但却并不像我想得那样快,仍然是起不来。勉强喝一点稀粥，一点口味都没有。一点想吃的意思也没有。不吃也行。

十二日 今天精神似乎更好了。早晨醒了，躺了很久，仍然到外面小馆去叫稀饭喝。到后来，觉得力量够了，于是慢慢穿上衣服，起来。现在连走都有点困难了，现在我还要学步。午饭也是从外面叫来的。无聊的时候，想看一点书报，但一看就头痛，只好放下。

十三日 夜里睡得还好，早晨醒来，觉得很舒服，到盥洗室洗了洗脸，叫了一碗小米稀饭，只是一点口味都没有。坐不了一会，头仍然昏，只好又躺下。十二点叫了碗稀饭，炒鸡子，勉强吃了点，吃完躺下休息，本来想出去洗洗澡，但看样子是出不得门了。晚上没吃什么东西，糊里糊涂躺下，大概十点多才睡去。

十四日 早晨起来，精神觉得似乎更好了一点，八点到外面去洗了一个澡，洗完顺便到对面小馆去吃了点东西，回来到楼下去理发，理<完>发穿好衣服，到北楼去看了看。到办公室去坐了会，又到研究室去看了下，到对面小馆吃过午饭回来。

1947年

躺下休息了会，长之同严灵来，谈了会就走了。清华学生自治会代表陈干来请我去演讲，王静如来，谈了半天。今天过午来的人多，我的精神有点支持不住，头有点痛起来，赶快躺下，没吃晚饭。晚上马祖圣来。

十五日 早晨六点多起来，洗过脸，八点到外面去吃早点，本来不饿，但也居然吃了不少。吃完回来休息了会，到研究室去看了看，又回来休息了会。十点半到北楼去，先到办公室去看了看，又下去同汤先生谈了谈，人有点支持不住。回来，十二点出去吃过午饭，回来睡了会，起来觉得无聊得很，不能看书，一看头就昏，但坐着无事也真难过。五点到冀老先生屋里去坐了会，六点前出去吃过晚饭，回来看了会报，八点睡。

十六日 早晨六点起来，洗过脸，随便看了点书，八点出去吃早点，吃过回来，还是不敢太用脑。九点到研究室去看Palmer, Jesperson。目的在整理出一个讲的程序。但不久头就昏痛起来。到书库里去查了查书。十一点出来到松公府事务组去了趟，就到对面小馆去吃饭，吃完回来躺下休息了会。两点前到研究室去坐了会，两点到北楼去上课，三点下课回来，外面简直就是夏天，出了一身汗。休息了一会，五点半到对面去吃饭，吃完回来休息了会，出去到翠花胡同去看Bagchi。九点回来。

十七日 早晨七点起来，洗过脸，看了会书，八点出去吃早点，吃完回来看 *Die Sprachwissenschaft*。九点多到图书馆研究室去，写了两封信，到书库里去查了本书，就到北楼系办公室去。头忽然昏起来，没能作［做］什么事，只看了看报。十二点半下去吃饭，吃完回来，躺下睡到两点，起来看 *Die Sprachwissenschaft*。外面风非常大，五点半阴法鲁来，同他一同到对面小馆去吃晚饭，遇到杨翼骧。还在吃着的时候，忽然一阵头晕，几乎倒下。吃完回来就躺下，九点李新乾来，拿给我几本书看。

十八日 早晨六点半起来，洗过脸，七点半出去吃早点，吃完到图书馆研究室拿了书，八点到北楼去上课，九点下课，又听了一堂汤先生的课。十点到邮局去寄了两封信，回到研究室，写了两封信。人虽然好了，只是头晕，不知道是什么毛病。到北楼系办公室去坐了会，十二点前下去吃饭。吃完回来躺下睡到两点，起来到研究室去查《大藏经》。三点回来，四点到理学院去开教授会，人到的很多，但一开就是四个钟头，真有点受不了，连胡先生这老于当主席的都吃不消了。

同马祖圣到对面小馆吃过晚饭回来,休息一会,十点睡。

十九日 早晨六点才起来,洗过脸,看了会书,七点半出去吃过早点,就到北楼去,八点上语言课,九点下来,休息了会,又上课。十点下课,又去听周祖谟的课,一直到十二点。下了课,到下面去吃过午饭,回来休息了会,三点回到北楼。不久汤先生同Bagchi去,三点Bagchi开始演讲,四点多讲完,Bagchi先走,汤先生同我谈了几件事情。回来石峻来谈了会。五点出去,遇到王森,同他一同到市场去逛了逛旧书摊,到中原公司买了点东西。到东来顺吃过晚饭,坐车回来。钟莉芳同一位邓先生来,带了一位姓李的孩子,要学梵文。他们走后,找到杨翼骧屋里去谈了会,九点才回来。

二十日 星期日 早晨七点起来,洗过脸出去吃过早点,回来看了会书,就到图书馆研究室去,抄《我们应该同亚洲各国交换留学生》。邓用熙去,谈到十一点半走,我看了看报,到北楼吃过午饭,回来躺下休息了会。外面风大的要命,因而影响了人的精神,觉得心里烦得很,起来抄《我们应该同亚洲各国交换留学生》,一直抄完。到外面小馆吃过晚饭,回来严灵来,坐了会就走了。看关于中国古代大数记法的材料。马祖圣来谈。十点到楼上去找苗闲谈,十一点睡。

二十一日 夜里庄孝德来打地铺,因而失眠,吃了半片Phanodorm。早晨七点前起来,洗过脸,出去吃过早点,到图书馆拿了书,就到北楼去上课,十点前下课,到邮局寄稿子给《大公报》,回来看了看,到书库去查了本书。十一点多到北楼系办公室去看了看,十一点半下去吃饭,遇到马祖圣,吃完回来躺下睡了会。两点又到邮局去寄信给汤德全。三点到翠花胡同文科研究所去开会,到会的有胡适之、汤用彤、朱光潜、向达、郑天挺[1]、陈雪屏[2]、周祖谟,五点散会,回来换了衣服,到市场去定了一身西服。回来到对面小馆吃过晚饭,回来到王岷源屋谈了半天。

二十二日 早晨六点多起来,洗过脸,写《sakāya niruttiyā 释义》,七点半出去吃过早点,到图书馆研究室去,抄《一个故事的演变》,九点李雅珊同胡□□[3]去,谈补课的时间。他们

---

1 郑天挺(1899—1981),福建长乐人。曾任西南联合大学教授、总务长,北京大学教授、文科研究所副所长。
2 陈雪屏(1901—1999),江苏宜兴人。1920年进入北京大学的预科班,1922年至1926年在哲学系修读,主修心理学,1926年至1929年前往美国哥伦比亚大学心理研究所进修。1930年回国,在东北大学担任教育心理系主任。1931年返回北平,曾在北大理学院心理系任教。
3 日记原文此处为空格。

刚走，孙德宣去，他旁听我的语言学。谈到快十一点他才走。我到北楼系办公室看了看，十一点下去上汤先生的课，十二点下课，同汤先生到秘书处去见郑先生。十二点半到北楼去吃午饭，吃完回来，袁家骅来，谈了会就走了。我到研究室去抄论文，两点半到 Bagchi 那里去，同他到公安局走了趟，又到中山公园去，坐下喝了点汽水，五点半回来，到对面小馆吃过晚饭。回来，牟有恒来，不一会就走了。把论文抄完，到杨翼骧屋去送下，回来，十点睡。

二十三日 早晨六点才起来，洗过脸，看 Palmer, *Modern Linguistics*。七点才出去吃早点，吃完到北楼去，今天补课，从八点讲到十点，下了课，到出纳组去算薪水账，算完回来了趟。朱家源来，谈了会就走了。我到图书馆去看了看，就到北楼系办公室去，十一点半下去吃饭。现在物价一天数涨，有钱也买不到米面，想起来就令人发愁。吃完回来躺下休息了会，两点前回到研究室，念西藏文。写清华演讲稿子。五点到市场去买了份《大公报》，有我的一篇文章，到东方去试衣服，在一个小馆里吃过晚饭，回来看报，看 Palmer。

二十四日 早晨六点半起来，洗过脸，看 Palmer，七点才出去吃过早点，到图书馆研究所去，看 *Die Sprachwissenschaft*，九点多回来拿借书证回去借了本书。张宗序送了几本书去。十点半到北楼系办公室去，十一点马坚去就闲谈起来。十二点他才走。下去吃过午饭，回来休息了会，又回到研究室，看《一切经言义》关于大数记法的记载，查 *Saddharma Puarīka Sūtra*[1]，因为工作太多太紧张，头有点昏。五点多回来，到外面走了走，到对面小馆吃过晚饭，到研究室拿了本书，在操场里遇到周一良同邓嗣禹。站住谈了半天，回来看报。看 Kielhorn[2]。

二十五日 早晨六点多起来，洗过脸，写《我们应该多学外国语言》，七点才出去吃过早点，就到北楼去。八点上梵文，九点下课，又去上汤先生的课，十点下课，到松公府去看杨振声，到秘书长室送下书单，回来了趟，又回去找郑华炽，不在。就到北楼系办公室去，十一点才下去吃饭，吃完又到松公府去了趟，仍然没找到郑华炽，回来，休息了一会，起来写文章。三点到研究室去，看 *Saddharma Puarīka Sūtra*，四点去看 Bagchi，把他的稿子拿给他。回来到研究室去看《大藏经》，六点前到北楼去吃晚饭，吃完回来，看讲义，写文章。

---

1 *Saddharma Puarīka Sūtra*：梵文《妙法莲华经》。
2 Kielhorn：基尔霍恩，德国语言学家。

二十六日 早晨六点半起来，洗过脸，写文章。七点半出去吃早点，吃完到北楼去上课，先上语言学，十点下课，又听了一堂周祖谟先生的古音研究。十一点到金城去领四月份薪水，十一点半领完，坐洋车到中山公园去，《益世报》社长刘豁轩在来今雨轩请客。到的有梁实秋、沈从文、朱自清、长之、俞平伯、废名等。吃完同从文、常风在公园里走了走。两点半回来，在北楼看了会报。三点Bagchi演讲，讲完我送他回去，谈到五点半回来。刘先生来，坐了会就走了。出去吃过晚饭，回来看报。

二十七日　星期日 早晨七点前起来洗过脸，出去吃过早点，到研究室去拿了点东西，就到汤先生家去，同他们一同到骑河楼去等车，长之在那里。到了清华，因为今天提前纪念校庆，校友都返校，非常热闹。我们先去看陈寅恪先生，坐了会，同长之到里面各处去看了看。十一点到大礼堂去参加庆祝会，胡适之先生演讲。十二点半到体育馆去聚餐，里面挤满了人。吃完饭，球类比赛，我各处乱看了一阵。到图书馆找毕树棠没找到，又回去看球，见到许多熟人。六点到吴晗家去，他请我吃晚饭，那里已经有许多人。张东荪[1]去看

---

[1] 张东荪（1886—1973），浙江杭州人。现代哲学家、政治活动家、政论家、报人，曾任中国民盟中央常委、秘书长。

了看就又走了，吃完到大礼堂去听音乐会，里面挤满了人。只听到有人唱，但不见其人。我在里面挤了会就出来。九点多坐车回来。到北大已经十点多。

二十八日 早晨六点多起来，洗过脸，七点才出去吃过早点，吃过到图书馆拿了书，到北楼去上课，十点下课，同汤先生谈了谈买陈寅恪先生书的问题。回到研究室，预备清华演讲稿，马先生去闲谈。十一点半多下去吃午饭，吃完回来休息了一会，两点回到研究室，预备讲稿。三点到北楼去上课，四点下课。晚饭同杨翼骧一同到对面小馆去吃，吃的凉面，很好。

二十九日 早晨六点半起来，洗过脸，看了会书，七点半出去吃早点，吃完到图书馆去，查《一切经音义》，到书库里去查了几本书。十点多到北楼系办公室去，没能作［做］什么事情。十一点下去上汤先生的课，十二点下课，同汤先生到秘书长办公室去看郑天挺，谈买陈寅恪师书的事情。十二点半回去，到地下食堂吃过午饭，回来休息了会。两点到研究室去，两点半Bagchi去，陪他借了两本书。一同到北海公园去，从白塔下可以看整个的故宫，他也认为是奇景。五点多回来，出去洗了个澡。吃过晚饭，去理发，因为太疲倦，很早就睡。

*1947*年

三十日 早晨六点半起来，洗过脸，补记病时候的日记。七点半到外面去吃早点，吃完到图书馆研究室去，看自己的预备在清华演讲的稿子。九点多出来送了封信。十点回来，到北楼下面合作社买了疋布，就到北楼系办公室。在那里反正［做］不了什么事情。十二点回来，一点同王岷源到松公府蔡先生纪念堂，胡校长请客，有Jellife、Bagchi、Bura、袁同礼，梅贻宝[1]、朱孟实、汤先生。还有许多本校的陪客，两点多回来，休息了会。三点半到骑河楼上汽车到清华去。下了车，先到陈寅恪先生家，看了看他的书，问了他几个问题。六点到吴晗家去，吃过晚饭，一同到善斋找到学生会的负责人，一同到同方部[2]。八点开始演讲，九点半才完，题目是介绍三种新发现的语言。回到辰伯[3]家，同一位吴先生，一位陈先生、郑用熙谈到十一点，他们走后，我就睡。

1　梅贻宝（1900—1997），天津人。1928年在美国获博士学位，回国后受聘于燕京大学，历任注册课主任、教务处主任、讲师、教授、文学院院长、成都燕京大学代校长、美国爱荷华大学东方学教授、香港中文大学新亚书院校长、台中东海大学教授等职。与其兄长清华大学校长梅贻琦教授齐名。
2　同方部，清华园最早的建筑，曾长期作为每年八月二十七日祭奠孔子的地方，其意为"志同道合"者相聚的地方。改办大学后，同方部即作为小礼堂使用，经常开展一些较小规模的讲演、聚会和社团活动。现为清华大学校友总会办公地点。
3　吴晗的字。

五月一日 夜里一夜没能睡,因为昨晚谈话过多,早晨七点前起来,到外面去呼吸了点新鲜空气,景色虽好,只是有点冷。七点半回去,洗了脸,吃了早点,就到大门去上汽车,八点半回来。到图书馆研究室去坐了会,就到北楼系办公室去,到松公府找刘钧,没找到。回去吃过午饭,到东安市场想去取衣服,还没好。回来,陈兆祊[1]来,已经几年没见了,三点前他走。我身上已经发起冷来,又遇到汪殿华[2]太太,谈了几句话,勉强到松公府把 Bagchi 的稿子送下,回来就躺下,先是发冷,浑身打战,后又热。严灵、郝叶红、贺家宝来。晚上浑身出了一阵大汗,似乎好了。

二日 早晨勉强起来,因为近来老是病,真不好意思。洗过脸,到外面吃过早点,到北楼去上课,下着雨。九点下课,又去听了汤先生一堂课,十点同汤先生谈了谈买陈寅恪师的书的问题。同王森田到注册组去见刘先生。回来仍然躺下。十二点前到邮局去寄了封信,到外面小馆吃了点东西,回来躺下,但又睡不着。真有点无聊,起来坐着又感支持不住,只好躺着看看书报。五点多又起来,到对面小馆去吃了点东西,回

---
1 作者的清华同学。
2 汪殿华(1910—1987),江苏常熟人。1933年毕业于清华大学化学系,自费赴德国柏林大学药学系深造,1936年回国,曾任北京大学医学院药科教授。

来等送衣服的来，所以没躺下。但结果只是不来，我只好再躺下。十点的时候，听到外面操场上学生纪念五四的歌声。

三日 夜里仍然发烧，出了点汗。早晨七点前起来，洗过脸，到外面小馆吃过早点，就到北楼去上课，十点下课，又去听周先生的课，已经筋疲力尽。幸而他只上了一堂。十一点他到我办公室来讨论他说的《洛阳伽蓝记》问题。十二点前他走，下去吃过午饭，回来躺下休息了会，两点半起来，到北楼教员休息室去看了会报。三点汤先生同Bagchi去，开始演讲，四点半完，在休息室里坐了会，我们就分手回来，我仍然躺下。五点半出去吃了点东西，回来坐在椅子上看下面操场里开五四纪念晚会，胡适之先生演讲，我开了窗子，能听得很清楚，十一点睡。

四日 星期日 今天是"五四"。早晨七点前起来，洗过脸，出去吃了点东西，就到图书馆去，先参观"五四"史料展览会，出来到王府井大街取出订作［做］的衣服，回来，坐在窗前看外面赛球。十一点半到北市去看了看，北大校友正在那里开会。转回来，到外面吃过午饭，就回来躺下。闫世雄来，坐了会就走了。我仍然躺下，有时候起来写《我们应该多学习外国语言》，人仍然头昏发烧。阴法鲁来邀我到中山公园去看牡丹，我只好陪他去，牡丹开的［得］不大，已经有败意，只有藤萝花很好。回来在对面小馆吃过晚饭，回到屋里仍然躺下，外面大操场里学生在举行营火会，一直到夜深。

五日 早晨七点前起来，洗过脸，吃过早点，到图书馆拿了书就到北楼去上课，十点前下课，人真有点累了。到注册组替峻岑[1]领证书，到秘书处去借书，到文书组去缴入合作社的表。回到图书馆研究室写了封信给叔父。到北楼系办公室去，十二点前下去吃过午饭，回来躺下一直睡到两点多，起来又到北楼去上课。四点下课，同燕树棠[2]谈了谈。回来仍然躺下休息，人仍然头昏。五点半又去吃了点东西，坐洋车到豫图家去，不久就回来。周一良来，谈了好久才走。

六日 早晨六点半起来，精神觉得特别好。洗过脸下去到外面吃过早点，就到图书馆去，把《我们应该多学习外国语言》写完，步行到干面胡同第一卫生试验所去，见了豫图。他领我

---
1 峻岑：王联榜，作者济南高中时期同学。
2 燕树棠（1891—1984），字召亭，河北定县人。中国现代杰出的法学家和法律教育家。1914年毕业于北洋大学，1915年赴美，入哥伦比亚大学、哈佛大学、耶鲁大学学习，1920获得耶鲁大学法学博士学位；1921年回国后，历任北京大学法律学系教授暨主任，武汉大学法律系教授暨主任，清华大学法律学系、政治学系教授暨法律学系主任，西南联合大学法律学系教授暨主任等。

去查血，透视肺部，都没毛病。十点半坐车回来，到出纳组领出支票，到金城银行领出钱。十一点到北楼去上汤先生的课，十二点下课，同汤先生谈了几件事，到下面去吃午饭，只吃了两个鸡子作成一碗汤。回来休息了会，两点到邮局去寄钱。寄完到研究室等Bagchi，同他到书库里查了几本书。坐车到北平图书馆去，见了丁先生，借了几本书。见了见袁守和，出来到北楼去喝了点汽水，回到Bagchi家休息了一会，一同到市场东亚楼去吃饭，他请客。八点才回来。

七日 早晨六点才起来，洗过脸，出去吃过早点，就到图书馆去，先写给周一良一封长信。到书库里去查书，十点半到北楼系办公室去，一到了，就有事。忙着预备明天的演讲，汤先生第一讲。十二点前下去吃完午饭，回去看了看，王森刚碰了钉子回去，我也大不高兴。立刻到翠花胡同去见汤先生，不在。回来躺下等，三点半又回到汤先生家。同他谈了谈，他立刻打电话交涉车辆。我回到学校，到事务<组>问好<车辆>。坐洋车到王森家去，告诉他交涉的情形，仍然坐车回来。吃过晚饭，回来人很倦，十点睡。

八日 昨晚躺下，一直到十二点还没睡着，吃了半片Phanodorm。早晨六点多起来，洗过脸，出去吃过早点，到图书馆去，抄了抄文章，预备写一篇《中国经过龟兹语从梵文借来的字》。九点多到事务组去看了看，又到文书组又催公文，一直看到王森上车，到北平图书馆去接收西藏文《甘珠尔》。我又到注册组印稿，回到北楼拿纸，回到图书馆，仍然不能作［做］事，又回到北楼系办公室，杂七杂八，不知道为什么那样许多事。十二点下去吃过午饭，回到图书馆，书已经到了，看他们搬进去。回来躺了会，两点半回到北楼，找到汤先生，三点是东方语文学系学术公开演讲的第一讲，主讲人就是汤先生，题目是《佛典翻译》，五点才完。同汤先生谈了谈，五点半吃过晚饭回来，看Palmer。

九日 早晨六点前就起来了，洗过脸，看了会书，七点半出去吃过早点，到图书馆拿了书，到北楼去上课，九点下课，又去上汤先生的课，十点下课，回来了趟，把峻岑的证书寄走。又回到北楼，到办公室去坐了会。十二点前下去吃过午饭，回来躺下睡了会，两点起来。到研究室去，遇到邓嗣禹带了两个美国人参观，其中的一个叫 Charles B. Fahs[1]，我陪他走了走，看了看书库，谈了谈东方语文学系的情形。三点多到松公府去开教务会议，五点多散会，回来拿了大衣，到北楼

---

1 Charles B. Fahs：查尔斯·B. 法斯，时为美国东方学会会员。

吃过饭,到中老胡同去看从文,他病了。又到朱孟实先生那里坐了坐,看了看他的太太和小孩子,回来外面下着雨。抄《我们应该多学习外国语言》。

十日 早晨六点才起来,洗过脸,出去吃过早点。到北楼去上课,十点下课,又上周祖谟的课,十二点下课,下去吃过午饭,回来躺下睡了会。两点半,回到北楼,看报,三点Bagchi、汤先生来,Bagchi开始演讲,四点多讲完。我坐洋车到板厂胡同中德学会去参加会议,六点开完会,回来,吃过晚饭,回来看报。今天在中德学会第一次见张星烺[1]。另外去的有叶企孙[2]、袁守和、郑华炽、贺麟、郑昕[3]、冯至、杨业治[4]等。

---

1 张星烺(1888—1951),江苏泗阳人。历史学家,对中西交通史有深入研究。曾任辅仁大学历史系教授、系主任,讲授《中西交通史》等课程。还曾在北京大学、清华大学、燕京大学等校兼课。著有《中西交通史料汇编》。
2 叶企孙(1898—1977),上海人。中国卓越的物理学家、教育家,中国物理学会的创建人之一。1918年毕业于清华学校,旋即赴美深造。1920年获芝加哥大学理学学士学位,1923年获哈佛大学哲学博士学位。1924年回国后,历任国立东南大学(1949年更名南京大学)副教授、清华大学教授、物理系主任,西南联大理学院院长。与潘光旦、陈寅恪、梅贻琦并称为清华百年历史上的四大哲人。
3 郑昕(1905—1974),安徽庐江人。1927年初就读于德国柏林大学哲学系,1932年秋回国任北京大学教授。
4 杨业治(1908—2003),生于上海。1929年毕业于清华大学外国语文系。1931年获美国哈佛大学德语系文学硕士学位。1931年至1935年在德国海德尔堡大学日耳曼语文系从事研究工作。回国后,任清华大学、西南联合大学教授。

十一日　星期日　早晨七点前起来，洗过脸，出去吃过早点，到图书馆研究室去。九点回来，九点半坐洋车到西四北蔴状元胡同去看董剑平，谈了会，他非要留我吃午饭不可，他今天请客。我只好坐下，谈到十二点，陆续去了几个客人，都是中学教员，两点多才吃完午饭，又坐了会，就出来。走到西四，坐洋车回来，今天天颇热，躺下睡了会。起来抄《我们应该多学习外国语言》，六点出去吃过晚饭，回来躺了会，方雨楼来，坐了会就走了。把《我们应该多学习外国语言》抄完。

十二日　早晨六点起来，洗过脸，看了会书，七点半出去吃过早点，到研究室看了看，到北楼去上课。十点下课，到邮局拿出钱来，坐三轮到阜成门外圣母会去买酒，地方非常远，天非常热，土非常多。买了出来，又坐三轮回来，到系办公室去看了看，到楼下面吃过午饭，回来躺了会，严灵来，谈到三点才走。我也就到松公府孑民纪念堂开会，是校务会议。一开就是三个半钟头，真可以说是疲劳轰炸。到北楼吃过晚饭，回来遇到严灵同郝叶红，同她们回来，告诉她们开会的经过，她们走后，看报。

十三日　早晨六点多起来，洗过脸，看了会书，七点半出去吃过早点，到图书馆研究室去，写了几封信，九点坐洋车到浙江兴业银行去取钱，取完仍然坐车回来。到北楼系办公室去看 *Die Sprachwissenschaft*。十一点下去听汤先生的课，十二点下课，下去吃过午饭，回来躺下睡到两点。起来，到研究室去，两点半 Bagchi 去，借了几本书，我送他回去。回来去找阴法鲁谈了会，同他一同到王府井大街中原公司买了两件衬衣，又到市场里面买了点，回来。谈了会，同他到小小食堂去吃饭，吃完到图书馆去看了看报，回来，看报，看讲义。

十四日 早晨六点起来，洗过脸，看了会书，七点半出去吃早点，吃完到北楼去上课，八点半下来，回来拿了酒，到骑河楼上汽车到清华去。下了车，到陈寅恪先生家，开始开一个详细书目。他要把关于梵文的书卖给北大。一直到十二点才完，在他〈家〉吃过午饭，谈了几个问题，就又坐汽车回来。休息了会，到研究室去看《一切经音义》，五点半到北楼吃过晚饭，回来，看了会报。马行汉同杨金魁来，我同他们一同到东四清真寺去看马松亭先生，讨论送研究生的事情，十点才回来。

十五日 早晨六点半起来，洗过脸，看了会书，七点半出去吃过早点，到图书馆研究室去，看《一切经音义》。十点前到北楼系办公室去，十点马松亭先生去，我同他到翠花胡同去看汤先生，仍然谈送研究生的问题。十一点多领他看了看文科研究所的情形。回来到系办公室去看了看，就下去吃饭，吃过回来休息了一会，两点多下去买了一袋面，三点同李廷揆[1]到市场去打乒乓球。打了一会，浑身就疲惫不堪，幸而任继愈夫妇，萧厚德、石峻去了，他们接着打。五点多回来，因为出汗太多，到澡堂去洗了个澡，吃过晚饭，回来看报。

十六日 早晨六点起来洗过脸，看书，七点半出去吃过早点，到研究室拿了书，到北楼去上课，十点下课。回到研究室，写了封信，十一点到松公府去看胡校长，谈买书的事情，十一点半到系办公室去看了看。十二点下去吃饭，吃完回来休息了会，两点坐洋车到北大医院去看马子实，从那里到北平图书馆去，先看了看张全欣，就到阅览室去抄 *Mahaj jātakamālā*。五点半回来的路上，遇到豫图，同他到他家去，谈了半天，吃过晚饭，八点回来。

十七日 早晨六点起来，洗过脸，看了会书，七点半出去吃

---

[1] 李廷揆（1916—2000），河南叶县人。1941年8月至1947年7月，分别在西南联大、云南省立英语专科学校、中法大学、北京大学任教。是北京外国语大学法语系的创始人之一。

过晚【早】饭,到北楼去上课,十点下课。又去听周祖谟的课,一直到十二点。下去吃过午饭,同老胡同去看沈从文,两点前回来,躺下休息了会。三点前到北楼去,三点Bagchi开始演讲,四点多讲完,我送他到家,坐下谈了会。回来吃过晚饭,坐三轮到长之家去,不在家,就回来。看了会报,想写一篇《东方语言学的研究与现代中国》,同时当作讲稿。

十八日 星期日 早晨六点起来,洗过脸,看了会书,七点半出去吃过早点,看了看学生贴的壁报。回来,看了会书。九点到图书馆研究室去,抄《海棠花》。开始写一篇论文《木师与画师的故事》,郑用熙去,坐了会就走了。十一点半到北楼地下食堂去吃午饭。清华昨天已罢课,今天来了许多学生,都闹嚷嚷挤在北楼。吃完回来休息了会,外面刮起大风来。抄《海堂花》。郑用熙来,六点同他到北楼去吃晚饭。吃完遇到严灵,说青年军就要打到北大来了,他们同北大宣传队起了冲突。回来把《海棠花》抄完,已经睡下了,郑用熙来,睡在这里。

十九日 早晨六点多起来,洗过脸,出去吃过早点,到图书馆研究室拿了书到北楼去,学生开始罢课,回到研究室,写、抄

《木师与画师的故事》。十点坐洋车到北大医院去看马子实和毛子水。回来，到系办公室看了看，下去想去吃饭，但饭所里挤满了学生。到新开的四川馆子里吃了一顿，回来躺下休息了会。三点去找杨翼骧，又同他去找李廷揆、萧厚德，一同到市场去打球，打到五点，出来到帽子店里看了看，回来到对面小馆去吃饭，遇到阴法鲁同孙树本[1]，吃完回来，看报。

二十日 早晨六点多起来，洗过脸，出去吃过早点，到图书馆研究室去，写《东方语言学的研究与现代中国》。十一点到北楼系办公室去看了看，十一点半下去到地下食堂去吃饭，吃完出来，走到操场上，看到学生已经聚了很多，今天他们大游行。到了各大学的学生约有万余人。我回来休息了会，两点到研究室去，开始翻译吐火罗文《木师与画师的故事》。三点Bagchi去，陪他借了两本书，他走后，我也就回来，风仍然很大。六点前到对面小馆去吃饭，吃完回来，看《孽海花》。

二十一日 早晨六点多起来，洗过脸，出去吃过早点。到图书馆研究室去，抄《东方语言学的研究与现代中国》，郑用

1　孙树本（1911—2002），浙江绍兴人。数学家，北京理工大学教授。1935年毕业于北大数学系，留校任教。抗战期间任教于西南联大。1950年调入华北大学工学院（北京理工大学前身）任教授。

熙去，不久就走了。回来看了看，到楼上苗仲华屋里去谈到十一点，到北楼系办公室去看了看，十一点半下去吃午饭，吃过回来休息了会，看了看报。两点前回到研究室，翻译吐火罗文《木师与画师的故事》。四点回来，人很倦，不知道是什么原因。翻译吐火罗文。五点半出去吃过晚饭，回来阴法鲁来，他刚走，长之来，九点周一良来。同周一良、王岷源谈到十点多。

二十二日 早晨六点多起来，洗过脸，七点半出去吃过早点，到图书馆研究室去，把吐火罗文《木师与画师的故事》译完。抄《东方语言学的研究与现代中国》。十一点到北楼系办公室去，十一点半下去吃过午饭，回来躺下休息了一会，起来人反而更觉得疲乏，真是怪事。两点到图书馆去看了看报，抄论文。肚子里忽然饿起来，眼前都有点发花，赶快出来买了点咸菜、米面饼子。回来吃了，看报，看《世纪评论》。六点又出去到小馆里去喝了一碗汤。回来，把《东方语言学的研究与现代中国》抄完。

二十三日 早晨六点多起来，洗过脸，看《根本说一切有部药事》，七点半出去吃早点，听说昨晚东城戒严，物价一日三涨。回到学校才知道朝阳大学混打一团，今天学生仍又罢课。到北楼去看了看，到图书馆去写《木师与画师的故事》。十一点到系办公室去看了看，十一点半下去吃午饭。吃完回来躺下，似乎睡了会。两点起来，到研究室抄《木师与画师的故事》，四点到市场去买了份《大公报》，有我的一篇文章。从那里到翠花胡同去看Bagchi，同他去看汤先生。五点半回来，Fuchs来，谈了半天才走。同马到北楼去吃晚饭，吃完回来看报。

二十四日 早晨六点起来，洗过脸，看《根本说一切有部杂事》，七点半出去吃过早点，回到学校，才知道学生仍然罢课。到研究室去抄《木师与画师的故事》。十一点到北楼系办公室去看了看，十二点前到下面去吃饭，比昨天晚上的价又涨了很多，这日子真不容易过。吃过回来，睡到两点多才起来，又到研究室，去抄《木师与画师的故事》，五点到阴法鲁屋里去坐了会，回来休息了会。六点出去吃过晚饭，到长之家去，又不在。回来把《木师与画师的故事》写完。

二十五日 星期日 早晨快到七点才起来，洗过脸，出去吃过早点，回来，看《根本说一切有部杂事》。九点到图书馆研究室去，找材料，想写一篇论文讨论中国文里的吐火罗借字。十一点多回来，陈行健来，谈到十二点多，同王岷源、薛硕杰、陈到四川小馆去吃饭，吃完回来又坐了半天他才走。睡

1947年

了会，起来看吐火罗文文法。四点到杨振声屋里去开会，推荐留美候选人，六点散会，到对面小馆吃过晚饭回来，阴法鲁、萧厚德、严灵来，阴法鲁最后走。

二十六日 早晨六点半起来，洗过脸，出去买了两个炸糕，回来，吃完到北楼去。八点上课，十点下课，回到研究室休息了会，又出去买了四个炸糕，只吃了一半，觉得不行，又出去到小馆里吃了点东西，回来躺下休息了会。起来，两点半到北楼去，今天真热。三点上课，四点下课，同赵万里[1]谈了谈。到研究室去看了看，到书库去查书，五点多回来，六点前出去吃晚饭，吃完回来。阴法鲁来，不久严灵来，他们走后，我看了点书，十点睡。

二十七日 早晨六点起来，洗过脸，看《根本说一切有部杂事》。七点半出去吃过早点，到研究室去写了两封信，九点到金城去领薪水，外面一阵暴雨。领完到邮局去汇钱，汇完到北楼去，等汤先生没去。到办公室去坐了会，十一点半下去

---

[1] 赵万里（1905—1980），浙江海宁人。国学大师王国维的同乡兼门生，著名文献学家、敦煌学家，精于版本、目录、校勘、辑佚之学。曾在国立北平图书馆工作，历任中文采访组组长、善本考订组组长、编纂委员、《国立北平图书馆馆刊》编辑等，并在北京大学、清华大学、中法大学、辅仁大学等校任教。

吃饭，吃完回来休息了会。两点回到研究室，看佛经，三点Bagchi去，谈了几个问题，陪他借了本书，一同走到翠花胡同，找汤先生，不在。回来拿了东西到市场去了趟，回来整理了下屋里的东西，到对面小馆吃过晚饭，又到汤先生家去，同他谈了谈买书送学生的事情，回来理了理发，上楼来看报。

二十八日 早晨六点多起来，洗过脸，出去买了两个炸糕，回来吃了。八点到研究室去写了封信，出去到一个修理自行车的铺子里把雨衣补好，到骑河楼上汽车到清华去。先去看邵循正，看了看他的书。又同他到陈寅恪先生家里去。谈了谈买书的事情。十二点前到园子里东记吃过午饭，到图书馆第一院去看了看，两点坐汽车回来。到澡堂去洗了一个澡，回来到研究室去，六点前到对面小馆去吃饭，吃完回来看报，长之来，畅谈甚快，十一点走。

二十九日 早晨六点多起来，洗过脸，出去买了几个炸糕，回来吃了，看《根本说一切有部杂事》。八点前到研究室去，看了点书，气很闷。九点多就到北楼系办公室去，写了几封信。十一点下去同汤先生谈了谈买书的问题，回去让王先生写了几张布告。十二点到对面小馆去吃饭，吃完回来刚躺下想休息一会，外面狂风暴雨，我突然想到研究室的窗子没关，立刻冒雨飞奔到图书馆，关了窗子又回来。两点多回去，看 Die Sprachwissenschaft。四点前到邮局去取钱，出来遇到 Bagchi，回到我屋里坐了会，又一同出去坐洋车到东单，我想去逛小市，但没找到，到东安市场去看了看就到东来顺去吃饭，吃完回来。

三十日 早晨六点起来，洗过脸，出去买了几个炸糕，回来吃完。到北楼去上课，十点下课，到办公室去看王森写了个布告，坐车到东四十条去看马子实，十二点回来，吃了点面包花生米。吃完躺下休息了会。两点半到楼下合作社去，人太多，仍然回来。三点半周一良来，我们一同到北楼去。今天是东方语文学系的第二次公开学术演讲，周主讲，题目是《佛教翻译文学》，听的人不太多。汤先生也去了，讲完在休息室坐了会。周、汤先生、王岷源一同回到我屋里，谈了半天闲话，一同出去吃饭，我同王请客。吃完到秦先生屋里去闲谈，十点周去，我也就回来。

三十一日 早晨六点前起来，洗过脸，出去买了几个炸糕，回来吃了，看了会书。八点前到图书馆研究室拿了讲义，到北楼去上课，十点下课，又上周祖谟先生的课。十二点下课，到对面小馆吃过午饭，回来躺下休息了会。两点汪殿华来，谈了会，我送他到秘书处，就到北楼去。不久Bagchi也去了，我们一同到第八教室去，Bagchi演讲，四点讲完，在休息室坐了会。同他到东安市场去买东西，六点多坐车回来，吃完晚饭，同马到操场里去看学生咏诗演剧，九点回来。

六月一日 星期日 早晨六点多起来，洗过脸，出去买了几个炸糕。回来吃了，八点到研究室去看了看，回来，九点多到Bagchi家去，同他一同坐洋车到天坛去。今天风又相当的大，非常讨厌。我领他各处看了看，十二点回来。到对面小馆吃午饭，回来，休息了一会，两点多同马到市场去打乒乓球，打到四点，逛了逛市场回来，人非常疲倦，躺下休息了一会，六点同马到对面小馆去吃饭，吃完回来看了会书，九点灭了灯，我也就躺下。

二日 早晨六点多起来，七点出去吃早点，看到桥头堆了麻袋、铁网。原来今天学生决定罢课，游行，这是戒备的布置。回来，八点到研究室去了趟，九点到操场里去看学生开会，胡适之先生也来讲演。听完就到市场去，凡是通北大的路口都断绝行人，我绕路才走出去，买了点东西看了看书摊，到一个小铺吃过午饭，又走回来。朱家源来，我请他吃杨梅。他走后，我躺下休息了会，到中老胡同去看沈从文。回来到对面小铺去吃饭,吃完回来同马到东斋去洗澡,看到特务雇的打手,就是一群天桥的叫花子。国民党想不到竟堕落到这一步,洗完回来,也没有心情作[做]什么事。

三日 早晨六点多起来,洗过脸,看了会书,七点半出去吃过早点,到图书馆研究室去,今天学生继续罢课。抄介绍中印研究一篇文章。十点到北楼办公室去看了看,十一点下来同汤先生谈了谈。到邮局送了封信,就到对面小馆去吃饭,吃完回来。躺下睡到一点半,起来,两点到研究室,把文章抄完,看《胡适论学近著》。四点多回来,休息了会,阴法鲁来,谈了会,同他出去一同吃过晚饭,到操场去逛了一趟,回来看了会书,十点睡。

四日 早晨六点起来,洗过脸,看《胡适论学近著》。七点出去买了几个炸糕,回来吃了,八点到研究室去,人很疲倦,看 *Die Sprachwissenschaft*。十点半到北楼系办公室去看了看,十一点半到外面小小食堂吃过午饭,回来睡到两点半才起来。到研究室去看《四十二章经》。四点多到 Bagchi 那里去,同他谈了几个问题,找汤先生,不在,出来遇到朱孟实先生。到对面小馆吃过晚饭,回来看《根本说一切有部毗奈耶杂事》。

五日 早晨六点起来,洗过脸,出去买了几个炸糕,吃了。看《根本说一切有部杂事》。八点前到图书馆研究室去,看安世高[1]译的佛经,我主要是想看他译的未名词,尤其是音译。十点多到北楼同汤先生谈了谈钟莉芳的桃色事件,到办公室去坐了会。十二点前到对面小馆去吃饭,吃完回来躺下休息了会,起来到研究室去,接着看安世高译经。回来看了看,又回去。五点前回来休息了一会,出去吃过晚饭,到长之家去,不久严灵也去了。谈到九点多才回来。

六日 早晨六点起来,洗过脸,出去买了几个炸糕,回来吃了,看《<根本>说一切有部杂事》。八点前到北楼去上课,十点下课,到系办公室去看 Sten Konow[2] 的《于阗文法》,我主要目的是想把《于阗文法》里面的梵文借字抄下来。十一点半到对面小馆去吃饭,吃完回来,睡到快两点,起来到图书馆去,不久 Bagchi 去,陪他借了几本书,他走后,我又回去,看 *Die Sprachwissenschaft*。五点前回来,休息了一会,出去吃过晚饭,回来看了会书,马祖圣带了太太来,同到他屋里谈了会。

---

1 安世高,本名清,字世高,原为安息国(今伊朗高原东北部,西方典籍中称为帕提亚国)的王子。因汉时常在外国人名前冠以其所在国名作为姓,所以他就被称为安世高。佛教学者,是佛经汉译的创始人。于东汉建和元年(147)到达洛阳,译经工作约止于东汉建宁(168—171)中,在中国活动约30年。生卒不详。
2 Sten Konow:斯滕·柯诺,挪威语言学家。

看《根本说一切有部毗奈耶》。七点严绮云来,十点半走。

七日 早晨六点起来,洗过脸,出去买了三个炸糕回来吃了,看《根本说一切有部毗奈耶》,八点前到北楼去上课,十点下课,同学生谈了谈。下去同汤先生谈了谈明天到清华去的事情,到秘书处同郑毅生谈汽车问题,回到研究室,去坐了会,看了看报。到外面小馆吃过午饭,回来,躺到一点多起来,就到研究室去,念 *Makaj jātakamālā*。四点到 Bagchi 那里去,谈到五点半,回来,路上买了四个炸糕,回到楼上吃了当晚饭。看《根本说一切有部毗奈耶》。

八日 星期日 早晨六点起来,洗过脸,出去买了三个炸糕,回来吃了,看《根本说一切有部毗奈耶》。九点坐汽车到翠花胡同,约了 Bagchi 同汤先生坐车到西城,约了郑天挺,一同到清华去看陈寅恪先生。主要目的是请他们两位看一看书。陈先生非留我们吃午饭不行。我们吃过午饭到学校里面去看了看,又上车进城来,到翠花街看了看新接收的石碑,到陈雪屏家里坐了坐。四点回来,到西老胡同找邵循正没找到,回到【去】休息了会,到外面小馆吃过晚饭,回来看《大藏经》。

九日 早晨六点起来,洗过脸,出去买了三个炸糕,回来吃了,看《根本说一切有部毗奈耶破僧事》。八点前到北楼去上课,十点下课,到办公室去坐了会,到图书馆阅览室去看 Otto Jesperson 的 *Language*。十一点半到外面吃过午饭,回来,马松亭同马子实来,谈了会就走了。躺下休息了会,起来到图书馆去念 *Mahaj jātakamālā*。三点到北楼去上课,四点下课,回来休息了会,五点半出去吃过晚饭,回来,石峻来谈,牟有恒来,谈到快十二点才走。

十日 早晨六点多起来,洗过脸,出去买了几个炸糕,回来吃了,看了会书,八点到研究室去了趟,八点多出去,路上遇到豫图,到骑河楼上车到清华去。下了车先去看邵循正,同他一同到陈寅恪师家把书价议定。在那里遇到周一良。一同吃过午饭,同周一良步行到燕京<大学>,雇三轮一直回到北大。到北楼系办公室看了看,到图书馆研究室去,三点 Bagchi 去,谈了会,送他出来,又回去坐了会。回来,在下面看了会赛篮球的,出去吃过晚饭,回来躺下休息了会,又闹痔疮,很不舒服。

十一日 早晨六点起来,洗过脸,出去买了几个炸糕,回来吃了，看了会书，躺了会。九点到金城银行领出稿费，到研究室看了看。就到北楼系办公室去，汤先生去，谈了会就走了，看 Jesperson, *Language*。十一点半去见郑毅生，谈昨天交涉书价的情形。又回到北楼文学院长办公室，同汤先生谈了谈，等到马子实，一同谈招收回教学生的事情。十二点半出去到对面小馆吃过午饭，回来躺下睡到三点才起来，到研究室去看了看，又回来，仍然躺下休息。五点半出去吃晚饭，吃完回来，七点 Shibuka 来，谈他同钟莉芳的事情，一直到十点才走。

十二日 早晨六点起来，洗过脸，出去买炸糕，回来吃了。八点多到研究室去看了看，九点到北楼系办公室去，开书目，看 Jesperson, *Language*。十一点半出去到对面小馆吃过午饭，回来躺下休息了会，没能睡着，徐仁[1]来，坐了会就走了。两点多下去到合作社买了点江米，回来放下，到图书馆研究室去看 Jandfeld-Husen, *Die Sprachwissenschaft*。四点回来躺在床上，看《胡适论学近著》。阴法鲁来，谈了会，一同到对面小馆去吃饭，吃完到东安市场去了趟，回来，外面暴风扫过，但没下雨。

---

[1] 徐仁（1910—1992），安徽芜湖人。著名古植物学家，中国孢粉学奠基人。1933年毕业于清华大学，1946—1948年任北京大学副教授。

十三日 早晨六点起来,洗过脸,出去买炸糕,回来吃了,看了会书。八点前到北楼去上课,十点下课,同汤先生谈了谈,又去同周炳琳先生谈了谈甄选留土学生的事情。回到研究室去坐了会,十一点到秘书处去,又到出纳组领出购书费五千万圆,到外面吃过午饭,回来躺了会,到石峻屋里开书目。三点到图书馆去看报,三点半到骑河楼等汽车到清华去,下了车到邵循正家同他一同去看陈寅恪先生,把支票交给他,立刻又回到校门赶汽车回来,吃过晚饭,回到屋里,看《胡适论学近著》。

十四日 早晨六点起来,洗过脸,出去买炸糕,回来吃了。八点前到北楼去上课,先是两点钟的语言,接着又听了两点钟的古音研究。十二点下课,到出纳组拿到钱,到外面小馆吃过午饭,回来休息了会,一点多到图书馆研究室去写了封信。看了看报,到北楼休息室去看《胡适论学近著》。三点 Bagchi 同汤先生去,周一良也去了。三点 Bagchi 演讲。四点多讲完,我送他回家,回来看了会书,外面一阵暴风雨。六点多出去吃过晚饭,坐洋车到东安市场去买了双皮鞋,回来看《胡适论学近著》。十点躺下,只是睡不着,十二点起来,陈庆举来,送了两把竹椅子来,谈了会才走。又到庄孝德屋,同秦瓒、苗仲华、王岷源、蒋硕杰[1]喝了半天酒，两点才回屋睡。

十五日　星期日　早晨仍然是六点就醒了，再也睡不着，起来洗过脸，出去买炸糕，回来吃了，看《根本说一切有部毗奈耶破僧事》。八点到图书馆去，看《后汉书》、《三国志》、《魏书》。我想写一篇《浮屠与佛》，证明这两个字不是同源。十点回来，拿了钱到市场去买了双布鞋，遇到豫图夫妇。坐车回来，吃过午饭，回到楼上，一睡睡到三点半才起来，出去想去洗澡，但今天没水，又回来，看了会书。六点前出去吃过晚饭，回来看《文艺复兴》，天气非常热。十点睡。

十六日　早晨六点起来，洗过脸，出去买炸糕，回来吃了，看《破僧事》。八点前到北楼去，今天学生又罢课，根本没有学生去上课。到图书馆研究室去看了会，九点半坐洋车到第一卫生所去找豫图，他又领我去做X光透视，肺部毫无问题。坐车回来，到秘书处教务处去同两位郑先生谈了谈，出去吃过午饭，回来睡了会。起来到图书馆去看了看报。回来拿东西到东斋去洗澡，洗完回来换了衣服，出去吃过晚饭，八点同王岷源坐洋车到陈兆祐家去，吕宝东也在那里，谈到十点

---

[1] 蒋硕杰（1918—1993），湖北应城人，生于上海。1946年曾任北京大学经济学系教授。

多才回来。

十七日 早晨六点起来,洗过脸,出去买炸糕,回来吃了,看了会书,八点前到图书馆研究室去。坐了会,到北楼系办公室去看了看,九点到红楼来,去参加分配图书的会议,但没有一个人去。回到北楼,同朱先生谈了谈送学生到土耳其去的事情。汤先生去,我也同他谈这事情。十一点下去上汤先生的课,十二点下课,下去找汤先生,规[约]定替他钱行的日期。吃过午饭,回来睡到两点多,起来到研究室去。三点Bagchi去,谈了会,陪他借了几本书,到合作社买了点东西,送他回家,又到图书馆去看了看报。五点回来,休息了会,五点半出去吃过晚饭,看赛篮球的,一直到七点多才上楼来,看了会书,十点睡。

十八日 早晨六点前起来,洗过脸,出去买炸糕,回来吃了,七点半坐大吉普车到西四六合大院陈师曾[1]家运木器,都装上汽车,一直开到清华陈寅恪师家,把木器卸下,把书籍搬上,休息了会。仍然回北大来,到图书馆把书籍搬到研究室,到

---

1 陈师曾(1876—1923),又名衡恪,江西义宁人,生于湖南凤凰。1902年与其弟陈寅恪同赴日本留学,归国后从事美术教育工作,善诗文、书法,尤长于绘画、篆刻。被公认为民国初年北京画坛最有名望的画家。

北楼去同周炳琳先生谈了谈送学生到土耳其的事情，到办公室去看了看。十二点前又同汤先生谈甄选留土学生的事情。到金城银行同吕宝东、籍孝石谈了谈，出去吃过午饭，回来休息了会，到研究室把书籍整理了下。请毛子水看了看，回来开始念暹罗文。五点半出去吃过晚饭，回来看了会书，屋里非常热。

十九日 早晨六点起来，洗过脸，出去买炸糕，回来吃了，看《酉阳杂俎》。八点到图书馆研究室去，十点前到北楼系办公室去，看王先生写信。下去同汤先生谈了谈甄选留土学生的事情。领他到研究室去看了看陈先生的书，又回到研究所，周炳琳先生去，也是谈放学生的事。十二点多到外面小馆吃过午饭，回来休息了会，严灵来，两点多领她到研究室去看书。四点回来，三个回教学生来，谈到五点走。出去到东斋洗了个澡，出来遇到汤先生，回来放下东西，到外面吃过晚饭。回来，念暹罗文。十点前周一良来，谈到十点半走。

二十日 早晨六点起来。洗过脸，七点出去到对面小馆吃过早点。回来拿了书，到北楼去上课，十点下课，到文书组去请求免费汇兑，到注册组去交试题。一切办完，到红楼地下室去参加联大书籍分配会议。我选出了几本书，十一点就出来，到金城去领出六月份的薪水，回到图书馆放下，到外面小馆去吃饭，吃完回来，睡了会。两点到图书馆去，三点Bagchi去，立刻就走了。到孑民纪念堂去开教务会议，五点多散会。同汤先生到图书馆找到马同王，一同坐洋车到西单大陆春去，我们替汤先生饯行[1]，吃完谈到九点才出来，又坐洋车回来。

二十一日 早晨六点多起来，洗过脸，出去买炸糕，回来吃了。到北楼去上课，一直到十二点才完，同老常、王森田到四川饭馆去吃午饭，吃完回来睡了会，起来到图书馆去看了看报。两点半到北楼去，不久Bagchi也去了。三点他开始讲演，四点多讲完，坐了会，我送他回家，在他那里坐了会才回来。有两个学生来找，他们走后，我就同马祖圣出去吃饭，吃完到沈从文家里去看他，他病还没有好。八点回来，看了会书，九点多就睡。

二十二日 星期日 早晨六点多起来，洗过脸，出去到对面小馆吃过早点，回来拿了书，到图书馆去查字典，九点前到北楼去。今天考试留土学生，九点开始，朱孟实先生、

---

[1] 1947年汤用彤休假赴美国加州伯克利大学讲中国佛教史。

熊正文[1]、马坚、王森，阴法鲁都去了，十一点汤先生也去，十二点多考完。到对面小馆去吃饭，大雨倾盆，街上水流成河，吃完回来睡了会。三点起来，看了会书，四点到东安市场去买东西。五点回来，饿得很，吃了点面包和粽子。六点去看冀老先生，从那里下楼去吃晚饭，吃完回来看《酉阳杂俎》。

二十三日 今天是农历端午节。早晨六点前起来，洗过脸，看了会《根本说一切有部毗奈耶破僧事》，吃了几个粽子当早点。七点半多到北楼去，八点上课，十点下课，到系办公室去坐了会，十二点回来拿了东西，坐三轮到府学胡同周祖谟先生家去，他请我去过节。谈了会，吃过午饭，又坐了会，两点多回来。遇到长之，同到图书馆研究室去坐了会，他走后，我就到北楼去上课。四点下课，到图书馆去看了会报，回来休息了会。五点半到外面小馆吃过晚饭，回来看《酉阳杂俎》。

二十四日 早晨六点起来，洗过脸，七点多去吃过早点，八点到图书馆研究室去，看了会书。九点多到北楼系办公室去，十一点下去上汤先生的课，十二点下课，到外面小馆吃过午

---

[1] 时任北京大学法学院（辖法律、政治、经济三系）周炳琳院长的秘书和北京大学总办事处的秘书。

饭，回来躺下睡了会。阴法鲁来。三点多到研究室去，到书库里去查书，外面天阴得很黑，里面又没有电，什么也看不见，只好出来。到北楼系办公室去，五点到文学院办公室去开审查留土学生成绩委员会，六点半开完。到研究室放下书，就到孑民先生纪念堂去，今天Bagchi请客，被请的有胡适之先生、Jellife、汤先生、向达、朱孟实先生、王岷源、邓嗣禹、郑天挺、王森等，吃完谈了会，同向达出来到修绠堂去看书，一直到十一点才回来。

二十五日 早晨六点起来，洗过脸，出去买炸糕，回来吃了，八点到图书馆研究室去。九点马理小姐去，我告诉她怎样写书目，就出来等到阴法鲁，同他坐汽车到前门中国航空公司去订票，据说九月十五才走得成，又坐汽车到中央航空公司。回来到系办公室去，一位王小姐在那里等我。十二点多回来，吃了两块炸糕，半块玉蜀黍饼子，躺下休息了会，两点前到图书馆研究室去。三点Bagchi去，同他坐洋车到北海静心斋，北平图书馆分馆去查书。不久王森也去了，我们看了看书，就出来看了几座庙、九龙壁、小西天。坐船到漪澜堂。出了前门坐车回来，吃过晚饭，到东斋去洗了个澡，回来严灵来，谈了好久才走。

二十六日 早晨六点起来,洗过脸,出去买炸糕,回来吃了。八点到图书馆研究室去,随便看了点书,九点半到邮局送了封信,十点半到北楼系办公室去,十一点多出去又买了几个炸糕,回来吃了。睡到两点起来,到图书馆去看了看报,到研究室去看《酉阳杂俎》。四点多回来,看《颜氏家训》。五点半出去吃过晚饭,到外面去看足球赛,遇到严灵。十点回来,看《颜氏家训》,这书确是不坏,无怪周作人屡次赞美。

二十七日 早晨六点起来,洗过脸,出去买炸糕,回来吃了。八点到北楼去上课,九点下课。又上汤先生的课,十点下课到校长办公室同邓恭三谈了谈,胡校长去了,谈了会佛典翻译的问题。到北楼系办公室去看了看,十一点半到外面小馆吃过午饭,回来睡到两点,起来到研究室去,看 Mizurice III,今天天气非常热。四点多回来看《酉阳杂俎》。七点同秦瓒、王岷源、庄孝德到正昌番菜馆去,我们替邓嗣禹饯行,苗仲华、周一良等已经在那里等我们。吃完九点多回来,周一良同来,谈到十一点走。外面大风。

二十八日 早晨六点起来,洗过脸,出去买炸糕,回来吃了,八点前到北楼去上课,先是两堂语言学,十点下课。又去听中国古音研究，十二点下课。到对面小馆吃过午饭，回来躺下睡了会，两点前到图书馆研究室去，看 Mizurice。两点半到北楼教员休息室去看了会报，Bagchi 去。三点他开始讲，四点多讲完，谈了会。我送他回去，又坐下闲谈了半天。回来吃过晚饭，到东斋洗过澡，坐洋车去看长之。八点多同他去看梁实秋先生，一直谈到十一点半才回来。

二十九日　星期日　早晨六点多起来，洗过脸，出去买炸糕，回来吃了，八点到图书馆研究室去。八点半出去到骑河楼上汽车到清华去，下了车就去看陈寅恪先生。谈了几个问题，浮屠与佛的问题也谈过。不久周一良去了，我们就没再谈下去。十二点吃过午饭，到校内去看了会打棒球的，两点又坐汽车回来，休息了会，看《颜氏家训》。五点半出去吃过晚饭，回来长之来，同他到外面一个小馆吃过晚饭，一同到北海去沿着海散了一大圈步。有月亮，有风，景色非常美。十一点才回来。

三十日　早晨六点起来，洗过脸，出去买了两个炸糕，到小小食堂吃完，回来。八点到北楼去上课，十点下课，坐洋车到中央航空公司去订飞机票。到市场去买了点东西，回来到办公室去看了看，十二点到小小食堂吃过午饭，回来躺下休息了会。两点到图书馆去看报,三点到北楼去上课,四点下课,到图书馆研究室去等Bagchi,他没去,我就到翠花胡同文科研究所去,先把巴利文字典送给汤先生,又到Bagchi那里坐了半天。五点半出来,吃过晚饭回来,看了看报,下去看了看赛排球的,回来看《酉阳杂俎》。

七月一日 早晨六点起来,洗过脸,出去买了几个烧饼,回来吃了。八点到图书馆研究室去,看《妙法莲华经》。十点到北楼系办公室去,汤先生去,我同他到他屋里去谈了谈吴晓铃问题。十一点上汤先生的课,十二点下课,到研究室放下书,到外面小馆吃过午饭,回来睡到两点,起来到研究室去,看《南传大藏经》目录。四点回来,到邓嗣禹屋里去,翁独健[1]在那里,周一良不久也去了。一直谈到五点半,出去吃过晚饭,回来看报,看《胡适论学近著》,周一良来,同到王岷源屋去谈了会,又同去邓嗣禹屋,十一点回来。

二日 早晨五点半起来,送邓嗣禹走。外面下了一夜雨,把外面操场下成一片汪洋。七点多出去吃过早点,八点到图书馆研究室去,到书库里去看了看,借了本书。十点到北楼系办

---

1 翁独健(1906—1986),原名翁贤华,福建福清人,史学家、教育家。曾先后任云南大学、北平中国大学、燕京大学等校教授,燕京大学教务长、代校长等职。

公室去，马松亭来访，坐了会就走了。到文书组拿了封信，又到图书馆去同余秘书谈了谈，回到北楼同汤先生谈了谈。十二点半到王金钟屋里去吃饭，吃完李廷揆去，一直谈到两点，回来睡了觉，到图书馆去看张天翼《团圆》。崔金荣去，谈到五点，出来到东斋洗了一个澡，吃过晚饭，回来，思索怎样写《浮屠与佛》。

三日 早晨六点起来，洗过脸，七点出去吃过早点，回来看了会书。八点到图书馆研究室去，八点半出去坐洋车到交通银行去汇钱。十点半回来，到系办公室去同老常谈到十二点，出去吃过午饭，回来睡了会。起来，两点半到研究室去，写了几封信，到邮局送了。步行到东安市场去买了两份报，又坐洋车回来，天气非常热，回来不久就听到隐隐雷声，停了一会，就大雨倾盆，里面还杂入雹子。这雨真大，几分<钟>的工夫，后面操场就下成了一片汪洋。雨刚停，就出了太阳，出去一看，街上成了河。吃过晚餐回来，看《丹凤街》。

四日 早晨六点前起来，洗过脸，出去买了四块炸糕，回来吃了。八点前到北楼去上课，只把学生叫到办公室里随便谈了谈。九点到汤先生家去，他领我看了看我要搬去住的房子，去看 Bagchi，他又病了。十点回来，到研究室去看了会书，十一点前到系办公室去，十一点半到外面吃过午饭，回来睡了会。两点到研究室去写《浮屠与佛》，到书库里去提了一批书到研究室去。四点半回来，看了会书，六点前出去吃过晚饭，到市场去逛旧书摊。遇到向觉明，谈了半天。回来，写《浮屠与佛》。

五日 早晨五点半起来，洗过脸，写《浮屠与佛》，七点出去买了几个炸糕，回来吃了，八点前到图书馆研究室去。刚坐下，崔金荣去，仍然是谈他解聘的事情。九点王鑫去，谈到十点走。到书库里去查书。十一点到北楼办公室去，向觉明去，又谈了半天。十二点出去吃过午饭，回来睡了一觉。两点多到图书馆去看了看报，到研究室去坐了会，天气非常热，只好回来。四点到东斋去洗澡，洗完回来，看《<郁>达夫短篇小说集》。六点前出去吃过晚饭，坐洋车到长之家去，他不在。回来写《浮屠与佛》，天气异常闷热。

六日 早晨六点起来，洗过脸，出去买了几个炸糕。正在吃着的时候，长之来。谈了会，我们一同下去，他回家，我到图书馆去，写《浮屠与佛》。十点多上楼，去看了看报。回来，看了会书，十一点半到外面小小食堂吃过午饭，回来躺下睡到两点起来。天气虽然仍是热，但比夜里已经好多了。三点外面刮起风来，不久就下起雨来。六点半同秦、庄、王、蒋还有另外一位女演员到四川小馆去吃饭，人肚子里很难过，而且有点发烧。吃完回来到庄屋里看他们打Bridge[1]，不久就回来。

七日

夜里果然开始冷起来，一夜起来了四五次，又没有电。每次点灯，苦极，早晨醒了，头昏痛，试了几次想起来，但不行，只好躺在床上了。八点多三个学生来考试，十点考完。十二点马子实同王森田来，谈到一点走。我仍然抬不起头来，东西一点也不能吃，过午Fuchs来，坐了会就走了。晚饭后阴法鲁来，他刚走，任继愈来，王岷源同庄孝德来。我仍然只能躺在床上，但人觉得似乎比早晨好多了。

八日

早晨七点多起来，人已经好多了，任继愈送了一碗稀饭来，喝下去，觉得很受用。八点多崔金荣来，谈了会就走了，我出去到图书馆研究室去看了看，到书库里去查书。十点到北楼去，同汤先生谈了几句话，到办公室去坐了会，回到红楼，到合作社去买了点白糖，到对面小馆吃过午饭，回来休息了会。三点到书库里去查了查书，回来，拿了东西到东斋

---

1 Bridge：桥牌。

去洗澡,洗完回来,看了会书。六点前出去吃晚饭,吃完回来休息了会,七点到Bagchi那里去,谈了会,到汤先生家去看了看,就回来。

九日 昨晚吃了半片Phanodorm。早晨六点起来,洗过脸,出去吃过早点,回来,开始写一篇小品文《送礼》。九点到翠花胡同看Bagchi,同他一块到汤先生家去,他今天坐飞机到上海去。送行的人很多,遇到Eche、胡适之先生夫妇。出来坐洋车到中央航空公司去了趟,回来去找郑华炽谈了谈。到北楼同阴法鲁谈了谈,同他到他那里吃过午饭,回来睡了会。天气很热,起来看《牛天赐传》。到图书馆去看了看报。六点到外面吃过晚饭,刚回来,外面一阵暴雨。不久后面操场就下成了湖,田价人来,谈到十一点走。

十日 早晨六点前起来,洗过脸,出去吃过早点。回来看了会书,八点到图书馆研究室去,想写《送礼》,但文思涩滞,一点也写不出。到北楼系办公室去坐了会,看通报。十一点多回到图书馆研究室,十二点前Bagchi去,我们去见胡校长,坐他的车到六国饭店去接印度大使,他们一共来了三个人:他、他的太太和秘书。先领他们参观图书馆和我们系里的藏书,就到孑民纪念堂去吃饭,吃完谈到两点他们走,我送他们出来，又回去同胡校长等讨论印度学生学中文的事情。三点回来，休息了会，到图书馆去看了看报。五点半出去吃过晚饭，到东四十条去看马子实，坐了会，又同他到向觉明家，十点多回来。

十一日 早晨六点多起来，肚子始终没好，现在更坏了。洗过脸，出去吃过早点，到图书馆研究室去。九点马子实去，我请他卖一两金子，他走后，我本来想到西什库教堂去看静亭，走出去，又回来了。到秘书处借支了四十万，又回到图书馆写《浮屠与佛》。十一点半回来，十二点出去吃午饭，吃完回来躺下睡了会，起来，马子实送钱来，谈了会就走了。我又到图书馆去看了看报，回来躺了会，六点出去吃过晚饭，回来人很难过，肚子总是不痛快。

十二日 早晨六点多起来，洗过脸，出去吃过早点，八点到图书馆研究室去，写《浮屠与佛》。九点到出纳组领了支票，到金城银行取出钱来，就坐三轮到前门外全聚原去取钱，全是小票，抱了一大堆。到信远斋买了点东西，到中国航空公司去问了问，回来找到阴法鲁，我们立刻又坐车回到中国航空公司，票仍然没买到。到撷英番菜馆吃了顿很丰美的午餐，坐车到东安市场买了点东西，回来休息了会。到研究室去，

1947 年

遇到 Bagchi，他只拿了几本书就走了。我回来整理了下箱子。看沈从文《湘行散记》，六点多出去吃过晚饭，牟有恒、严灵来。他们走后，九点多就睡。

十三日　星期日　早晨六点起来，洗过脸，出去吃过早点，八点到图书馆研究室去看了看，回来崔金荣来，仍然是谈他的解聘的事情。他走后，我就到翠花胡同去看 Bagchi，从那里出来，到东安市场去看了看。在东来顺吃过午饭，回来休息了会。三点又出去，先到仁寿堂买了点菜，又到中原公司买了一只煤油炉，一个锅。回来看张恨水《虎贲万岁》。六点多吃过晚饭，到长之家去，谈到十点回来，外面大风，有雷闪。

十四日　早晨六点起来，洗过脸，出去买了几个炸糕，回来吃了，九点到图书馆研究室去，写《浮屠与佛》。十一点前到教务处去了趟，又到秘书处同郑毅生谈了谈印度学生借家具的问题，到系办公室去看了看。十二点同杨翼骧到理学院对过小馆去吃饭，吃完回来，休息了会，朱家源来，坐了会就走了。到图书馆去看了看报，回来同王岷源找 Bagchi 一同到东厂胡同去看房子，但没有钥匙，我坐洋车回到学校拿了一把回去，结果又少拿了一把，终于没能进去。回来到东斋去洗了个澡，回来洗了几件衣服。六点出去吃饭，吃完回来看

《虎贲万岁》。

十五日 早晨六点起来，出去吃过早点，八点到研究室去看了看。九点同阴法鲁到中国航空公司去，等了一早晨，满以为很有希望结果碰了一个钉子，又到中央航空公司去试，仍没有结果，回来已经十一点。到对面小馆吃过午饭，回来看到朱家源的名片，让我立刻带了行李到中国航空公司去，这真是晴天霹雳，两点多又同阴法鲁到中国航空公司去，居然买到了票。五点回来，休息了会，七点同王岷源到六国饭店去，今天印度大使请客，请的有胡适、李宗仁、何思源、梅贻琦等。十点多同胡先生、Bagchi一同坐胡先生的汽车回来。

1947年7月16日—1947年9月1日

济 南

十六日 早晨六点起来，洗过脸，出去吃过早点，九点坐三轮车到中原公司去，想买点东西，但还没开门。就到中国航空公司去，从那里又坐洋车到月盛斋，羊肉又卖净了。只好回到航空公司坐在汽车上等，忽然来了一阵大雨。十二点多到飞机场去，检查行李，一点飞机开，走的［得］很平稳，但仍头昏想吐，好在不久就到了。下了飞机，算是又回到济南来了，离开十二年，今天又回来，心绪激动，说不出有什么感想。坐洋车到家，心里酸甜苦辣咸，更说不出是什么滋味，人头昏眼花，也没能吃什么东西，晚上许多人来看。

十七日 早晨六点起来，洗过脸，吃过早点，坐洋车到西关上元街去看秋妹。谈了会，到剪子巷去看三姨，她真老了。从那里到三和街彭家去，十一点半才回来，今天是婶母的生日，家里陆陆续续地来客人，一大半我都不认识，屋里屋外全是人。陪笑谈话，人非常疲倦。我这次回家，人们都认为是大喜事，只要听到消息的全来了。吃过晚饭，才慢慢都走了。我自己回想过去的十几年，简单【直】不折不扣是一个梦。

十八日 早晨六点起来，洗过脸，吃了点东西，坐洋车到城里去看峻岑，他居然在家，他太太也在家，谈了会出来。到司马府孙家去了趟,又到高都司巷孟家,这都是新亲戚。十二点前回来,吃过午饭,躺了会,但睡不着,不久又来了客人,又起来陪着谈笑,我以前的生活太平静单调,现在又太乱、太紧张,神经有点应付不过来。吃过晚饭,又有人来,我自己糊里糊涂的,脑筋里有点不清楚,一直到很晚很晚才睡。

十九日 早晨六点起来,洗过脸,吃过早点,到商埠去看鸿高,找了半天才找到,他却又到别的地方去办公去了。进城到芙蓉街去买了点东西,回来,热了一身汗。刚才看着天要下雨,居然没下起来。吃过午饭,又有人来,连午觉都不能睡了。现在天天人来人往,觉得非常疲倦麻烦,终天送往迎来,想看点书都没有工夫,看来这个暑假恐怕不能作[做]什么工作了。吃过晚饭,联璧同子周来,我一见几乎不敢认了,他们走后,又坐在院子里谈天。

二十日 早晨六点起来,洗过脸,吃过早点,婶母领我到小南营去看刘老娘,坐了会,也没有多少话可谈,就回来了。洗了一个澡,本来还想出去,峻岑同薇青来,谈了好久才走,看了时间已经晚了,就决意不出去了。吃过午饭,躺了会,终于没能睡着。二哥来,约我出去吃饭,到恒源去等了会,刘世岩也去了,我们就在那里叫了饭吃起来。吃完二哥约我去逛大明湖，湖上风光依然如故，我们只在湖边上走了走，就回来。

二十一日 早晨六点起来，洗过脸，吃过早点，到城里省政府教育厅去看边理庭，同时看到的有孙秋方、孙东生。从那里去看陈老伯，没在家，到保安处找到鸿高谈了谈。十二点前回来吃过午饭，躺下，好容易睡着，三点多才起来，四点到城里高都司巷孟家去，菊田[1]还有别人已经到了。吃了点西瓜，开始吃饭，吃了一个多钟头。八点多出来，到孙东生先生<家>去看他，坐下谈了半天，回来天已经全黑了。

二十二日 早晨六点多起来，洗过脸，吃过早点，婉如领我到小青龙街刘家去，从那里又到韩家去，坐了会回来。又同叔父坐洋车到按察寺街去看尹大姐姐、四老娘，到拉马巷去看张诏庭，宽厚所街去看余大姨。回来累了一身汗，吃过午饭，宫洁民来，他刚走，阴法鲁带了他弟弟来，谈了会才走。我躺下睡到四点多才起来，人很疲倦，没有兴致再出去了，吃过晚饭，坐在院子里闲谈，十一点多才睡。

1　菊田：弭菊田（1914—？），山东济南人，画家。是季羡林的堂妹夫。

二十三日 早晨六点多起来,洗过脸,吃过早点,看了会书。韩□□[1]来,坐了会就走了。不久盛子周带了他伯父和韩荷生来,他们还没有走,王守贝同王明伦来,一直谈到十二点多才走,尹大姐姐也带了孩子来了。吃过午饭,同彭三哥、尹大姐姐谈了会,躺下,但没能睡着。四点起来,到尹士业家里去,他请客,同请的有韩荷生、赵省三、李忆之。吃完又坐了会,回来,张大伦同峻岑先后来,峻岑谈到快十点才走。

二十四日 早晨六点多起来,洗过脸,吃过早点,九点出去,先到宽洪街去看蒋联璧,同他父亲谈了谈,就到三皇庙去看范二姐姐家去,从那里到十亩园去看王明伦,没在家。就到邮局去寄了两封信,到城墙上测候所去看王宗贝。十一点半回来,吃过午饭,任熹的公子来,一直坐到两点才走。躺下睡了会,也没能睡好。起来头昏眼花,吃过晚饭,本来想出去,忽然下起雨来,下完雨,在天井里凉快到十一点。

二十五日 早晨六点半起来,看了会书。九点多出去,坐洋车到秋妹家去看了看,从那里到严蔚青家里去坐了会,仍然坐车回来。半路上让雨淋了一阵,按旧历,今天是我的生日,

---

[1] 日记原文此处为空格。

秋妹同彭二大娘都来了。吃过午饭，陪他们谈了会话，躺下休息了会，陈庚鑫来，只好起来。吃过晚饭，张觉民、王绳武、王宗贝来，同他们到齐鲁大学去看教育厅长李泰华，也是清华同学，一直谈到十点多才回来。

二十六日 早晨起来，看了看讲演稿。韩中予同韩守训来，坐了会就走了。九点多坐洋车到捍石桥，下来走到师范专科学校。峻岑、锡昌已经在那里。十点开始讲演，题目是《最近新发现的古代语言》，十一点讲完就同峻岑、蔚青到青年会去，他们请我吃饭，陆续去的有得中、昭建、洁民、陶菴、次珊、正源，吃完回来，休息了会。五点到韩家去，他请我吃晚饭。坐下，随便吃了点菜。七点到孙东生家去，他也请我吃晚饭，同请的大半都是师专的教职员，吃完同峻岑、蔚青到王叶菀家去看他。九点多回来。

二十七日 昨天夜里大泻不止，一宿起来了五六次，早晨人就抬不起头来了。吃了一服药，躺在床上，一点都不想吃东西。今天是星期日，本来想出去找朋友，现在都找不成了，朋友来的却非常多。我只同武振德谈了谈，其余的都说没在家，没有见面。午饭当然不能吃，接二连三睡了不知多少觉，晚饭也没吃，岳星如来，同他谈了谈。晚上彭四哥来，我没敢了点东西，回来。杜老伯带了杜琰来，不久也就走了。吃过午饭，躺下大睡，武大爷来才把我叫醒，陪他坐着说了许多无聊的话。今天过午没有出去，同延宗打开箱子看以前的藏书。吃过晚饭，彭四哥来。

三十一日 起来在院子里看书。九点到下面去取洗的衣服，刚才还凉快，回来的时候已经又热起来了。吃过午饭，休息了会，躺下睡到三点起来，四点同莱甫[1]到余大姨家去，她请我吃饭，菜非常多，只是我不能喝酒，未免有点煞风景。八点回来，在院子里乘凉，韩绍庭来。

八月一日 早晨起来，看了会书，八点到孙东生先生家里去，坐洋车去看韩荷生。到北园真武庙去看张老伯，可惜没在家，又坐车回来。吃过午饭，人非常头痛，但又不能熟睡。五点同叔父到蒋联璧家里，他请我们吃饭。另外还有许多同乡，吃完谈了会，就回来，在院子里乘凉。

二日 早晨七点起来，在院子里看了会书，九点进城，到邮局取出北平汇来的钱，回来天已经渐渐热起来，没有再出去。吃过

---

1 常莱甫，字准基，季羡林的妹夫，妹妹季漱林。

到天井里去，只同他在屋谈了谈，十点多睡。

二十八日 早晨起来，人似乎好了一点，不过仍然￥
提不起精神。天又下雨，屋里又黑又潮，浑身烦腻。
躺一会，就消磨过了一个早晨，吃过午饭，又回屋
愈来愈大，看了令人发愁。吃过晚饭，雨仍然不停
冒雨出去。先到牛头巷去看柏寒，还没回去。到振
襄城哥，坐了会，又回到柏寒那里，谈到九点回来。

二十九日 早晨起来，雨仍在下，倘若又不出门，
有出门的机会了。于是冒雨出去，先到女子中学去￥
从那里去看阴少鲁。坐洋车到商埠中报社去看韩笑
断若续，始终没停。进城剪过发，到商场买了本文
十二点回来，吃过午饭，想睡一会，无论如何睡不
几次都不行。起来到南营市中去看李校长，谈延宗
情。回来看文学杂志，六点半同觉民到齐鲁大学李
他请客，同请的有柏寒、绳武、宗贝、星如、觉民
到十点多回来。

三十日 早晨起来，随便看了点书，九点进城寄了两

午饭，躺下想睡一会，但无论如何睡不着。起来看《汉魏两晋南北朝佛教史》，六点到峻岑家去，他已经走了。路上让雨淋了一阵，今天庞镜塘请客，吃完，大雨不止，坐汽车回来。

三日 星期日 早晨雨仍然时下时止。九点去看王习建，不在家。到牛石生家里同他母亲谈了谈，出来到后宰门去看沈陶菴。十点回来，雨仍然在下，吃过午饭，领延宗去理发，回来躺下，刚睡着衍坚来，一直谈到四点才走。吃过晚饭，天忽然又晴了，牛云生来。他走后，就坐在院子里乘凉。

四日 早晨八点多坐洋车到正谊中学去，一别近二十年，现在又回去，简直像作了一个梦。先同李教务主任谈了谈，又上楼去看郑又桥老师，不久路孟凡校长去了。谈了半天正谊的情形，十一点多才回来。吃过午饭，躺下休息了会，三点到弭家去，同菊田到关友声家去了趟，又回去，看他画的画，刻的扇子。吃过晚饭，同叔父到庆智院街去看赵仲明、赵蔼渔，九点多回来。

五日 七点前起来，不久孙东生先生来，吃过早点同他到商埠教育电影院去，今天山东省教育会请我讲演，听的全是中学生，我讲的题目又太专门，恐怕听懂的很少，讲完十一点回来。不久秋妹来，吃过午饭，躺下休息了会，起来到孙东生家去了趟，告诉他一所房子的地址，张廷扬在那里。回来家里孩子乱成一团，不能看书，人又伤了风，直流鼻涕，吃过晚饭，在西屋坐到十点。

六日 早晨起来，等阴少鲁，但一直到九点半还没有来。出去到后帝馆去看衍梁，没在家，仍然回来。十一点少曾来，不久蔚青也来了。我赶快吃过午饭，同少曾坐洋车去看吕校长，没在家，同洁民谈了半天，又同少曾坐洋车回来，吃过西瓜，他才走。躺下休息了会，吃过晚饭，本来想出去玩玩，结果没有去成，在院子里乘凉。

七日 早晨起来，写给虎文一封信，随便看了点书。十一点多吃过午饭，躺下休息了会，同延宗到正谊去。今天是鞠思敏[1]先生逝世三周年纪念，举行公祭，由李泰华主祭，到的人很多，阔别二十年的老师都见到了，同学更不必说。祭坊就在操场里，正中悬着鞠先生的像，我一见便不由流下泪来。这位教育伟人我终于无缘再见一面，回忆当时每天早晨站在操

1　鞠思敏（1872—1944），名鞠承颖，字思敏，山东荣成人，教育家。创办了正谊中学，因其毕生致力于教育，被誉为山东的蔡元培。

场里听训话的情景还宛在目前，然而音容却杳然了。祭完同延宗到大明湖喝了两瓶汽水，坐洋车回来。孟家的小舅母来了，家里又颇忙，躺下想休息一会也不行。吃过晚饭，在大门口坐了会，看霍世休《唐代传奇文与印度故事》。

八日 早晨到城里去送了封信。回来看了看以前在报纸上发表的旧文章。吃过午饭，躺下睡了会。三点关友声同菊田来，约我到大明湖去。我们在图书馆找了座位坐下，遇到路大义，他领我们去参观图书馆，里面亏欠很大，书籍荡然无存。六点前到中兴饭庄去，吃过晚饭，在平台上看了会泉水，八点回来。

九日 早晨没有什么地方去，随便看了点书。王祝晨先生来，一直谈到十二点半才走。吃过午饭，躺下睡了会，起来看Goethe的 *Die Leiden des jungen Werther*[1]。六点多吃过晚饭，坐洋车到青年会去，他们今天请我讲演，讲的题目是：《从比较文学的观点去看寓言和童话》，听的人很多。八点多讲完同陶菴到锡昌家里去坐了坐，九点多回来。

---

1 Goethe 的 *Die Leiden des jungen Werther*：歌德的《少年维特之烦恼》。

十日　星期日　早晨没出去，在家里看了点书，十一点坐洋车到商埠去看四姨夫，岳星如最后到青年会，鸿高、遇牧、宗贝、关鹏已经在那里，他们请我吃饭。吃完谈到两点回来，洗了个澡，休息了会，五点又坐洋车到路孟凡家里去，他请我吃晚饭，吕孙还有理庭等几位，八点多回来。

十一日　早晨没有出去，写了几封信，王森田、王一安、吕正元各一封。天气特别热，一看火似的太阳，更没有出去的勇气了。吃过午饭，在西屋里谈了会，回来睡到三点才起来，身上出了一身大汗。在院子里坐了会，也不凉快，虽然多少有点风。吃过晚饭，衍梁同郁华来，衍梁先走，郁华到七点多才走。在天井里乘凉到十一点。

十二日　今天一起来就觉得很热，立刻就想到今天无论如何不出去了。在院子里坐着看了会书。十二点多吃过午饭，尹士业来，他刚走，孙家小舅舅来，送走了他，就躺下睡，三点半才起来。随便看了点书，吃过晚饭，在院子里乘凉。

十三日　早晨坐洋车到七家村去看王祝晨先生，不在家，又到一师去看张廷扬,仍然不在家,去同韩□□[1]谈了谈就回来。吃过午饭,躺下休息了会,别之会来,谈了谈他的职业问题,坐了会就走了。吃过晚饭,在院子里乘凉,不久就阴上天来,大雷大闪,照得院子里通明。

十四日 夜里大雷大雨,屋子漏了,起来抬棹子。早晨天渐渐晴了,十点同延宗到市中去,想见李校长,不在,到五临中去同王明伦谈了谈,就回来。吃过午饭,睡到两点多起来,又同延宗到市中去,李校长还没有回去,只好又回来。天仍然时阴时晴,间或还下上一阵大雨。吃过晚饭,在院子里乘凉,雨仍然时断时续。

十五日 夜里又是一夜大雨,如崩山倒海,声势吓人。早晨雨停,十点同延宗到市中去见到李校长,把入学的事情说好,回来看书。吃过午饭,同莱甫、延宗到广智院去,十几年没来了,里面没有多少变动。看了一周,两点回来,刚到家,就又下起雨来。然而不久却又出了太阳。吃过晚饭,同莱甫、延宗到南圩子外运动场去,南圩子门外变动最大,以前一片田地,现在是一片房屋了。回来在院子里乘凉。

---

1 日记原文此处空格。

1947年

十六日 早晨起来，看《浮屠与佛》的稿子，因为参考书没有带来，不能写什么。午饭前峻岑来，问了我两个问题，就走了。吃过午饭，睡了一觉，起来看了看以前放在箱子里的书，居然还有很多可用的。赵蔼渔老伯来，陪他谈了谈，吃过晚饭，在院子里闲谈，十一点才睡。

十七日 早晨到阴法鲁家里去，同他谈了谈行期，从那里到城里去买了点东西，回来陶菴来，接着蔚青同锡昌来。秋妹也来，依然讨厌如故。杨嗣墉同郑嗣崇来，吃过午饭，洗澡。躺下休息，但没睡着，起来到兴隆庵去上婶母＜的坟＞，大哭不止。回来心绪极劣，吃过晚饭，在院里乘凉。

十八日 早晨晴天，天上云彩很红，不久就阴起来，而且下起雨来。九点到城里送了封信，印了盒名片，回来，淋得像落汤鸡。吃过午饭，躺下，又没能睡着，脑里昏成一团，起来看了会书。师专学生袁兆彬来，谈了好久才走，吃过晚饭，同延宗进城，把名片取出来，买了点点心回来。

十九日 早晨到绍庭家里去，谈了会，他非请我吃饭不行。我们出来到趵突泉去看了看，就到汇泉楼去，一吃吃到快十二点。出来去看了看大鱼，到三姨家去坐了会，一点半回来，立刻又骑自行车到阴法鲁家去，回来躺下想休息一会，但睡不着。袁兆彬同魏启学来，刚坐下，省政府秘书吴培申代表王耀武主席来看我，谈了半天才走。吃过晚饭，到少鲁家谈了会，又去看了看觉民，八点回来。不久就一阵大雷雨。

二十日 早晨很早就醒了。七点起来，看了点书，到孙东生先生家里去，他不在。回来人很难过，躺了会，吃过午饭，又到孙先生家去，同他谈了谈延宗入学的事情，回来躺下想睡一会，但无论如何睡不着。起来头昏眼花，也不能作［做］什么事情，把在师范的讲演稿改好。吃过晚饭，领延宗到城里去理发，九点多回来。

二十一日 早晨很早就醒了，七点多起来，九点返城到明湖照了张像［相］，到一师去看张廷扬，他有事没见到。回来吃过午饭，一直睡到三点多才醒。起来看《几暇格物编》。吃过晚饭，坐洋车进城，先到振英街去看襄城哥，从那里到秋柳园去看吴秘书。九点多回来，衍梁来，谈到十点才走。

二十二日 早晨袁兆彬来，问了几个问题。天有时候下一阵小雨，有时候又不下。吃过午饭，睡到三点起来，同叔父、延宗到青年会去。今天李苦禅在那里开画展，他本人也在那里，还见了许多别的人，如张苑材、关友声等。遇到菊田，同他到他家，秋妹非留我们吃饭不行，吃完就回来，刘书平同张松华来，九点走。

二十三日 夜里下了一夜雨，早晨还没有停。吃过早点，到少鲁家送了几本书，请他带回北平。谈了会回来，吃过午饭，躺下睡了会，也没能睡熟，起来看清华廿周年纪念刊，外面细雨濛濛［蒙蒙］，若断若续。六点到衍梁家里去，他请吃晚饭。同请的有王祝晨、冀兰生、关味辛、孙秋方、王小伦等，吃完谈到九点才出来。又到孙东生先生家去了去，回来已经九点半。

二十四日 星期日 早晨张廷扬来，蒋联璧来。他们刚走，我就出来，先到黄得中家，又到葛兰生家，理庭也在那里。想到王昭建家去，路上遇到云生，说他已经出去了。就到青年会去，九级同学请客，到的有王祝晨、关味辛、许衍梁、张大伦，吃完已经两点多，回来，襄城哥在这里，他刚走，赵仲明老伯来，吃过晚饭，任耕欣来，十点才走。

二十五日 早晨到市立中学去，李校长不在，只见到宋教务主任，把延宗入学的事情办好，回来，看了点书。吃过午饭，睡了一觉，起来什么事情也没有作［做］，在当院里坐了会，仍然是热。吃过晚饭，忽然下起雨来，在大门里坐了会。回来，不久雨停了，又在当院里纳凉。

二十六日 早晨到城里邮局送了封信，到照像【相】馆取出像【相】片，就回来。天气虽然不算热，但一走路仍然出汗。吃过午饭，洗了一个澡，睡到三点起来，随便看了点书。六点到柏寒家去，不久绳武也去了，七点开始吃饭，不久昭建去，吃完晚饭，在院子里闲谈到十点半才回来。

二十七日 早晨八点半到商埠中央航空公司去，王主任没在那里，又坐洋车回来，热了一身汗。吃过午饭睡了一觉，起来余大姨来，在西屋陪她谈了会话。六点多吃过晚饭，同婉如、延宗到商埠刘老娘家去，坐了会又去看王心勇，从圩子外经过齐鲁大学回来。觉民来，彭四哥同李培林也在这里。

二十八日 早晨七点起来，吃过早点，把桌子上的书籍清理了一下，不带走的都放起来。吃过午饭，躺下想睡一点，但无论如何睡不着，起来头颇昏痛。找出几本旧刊物看了半天。五点半同叔父到商埠石泰岩去，赵仲明老伯请客，吃完步行到上元街弨家，坐了会，九点半回来。

二十九日 早晨起来看报看书，九点多领延宗到市立中学去，他们正在开会，孙校长同宋教务主任都没见到。回来，彭二哥来，一点多吃过午饭，躺下想睡一会，但无论如何也睡不着，起来写了封信。六点半昭建坐汽车来接我，一直开到绥靖区公署，今天王司令官请我吃晚饭。王虽然是军人，但书念的不少，尤其喜欢同学者拉拢。吃过饭，我们两个人谈了半天，又同昭建坐汽车到省政府去看了看才回来。

三十日 一夜失眠，早晨同莱甫到中央航空公司去，今天没有飞机。在货物税局前面遇到范声吾同彭三哥，谈了几句话就回来。吃过午饭，躺下想睡一会，但天气极热，无论如何睡不着。吃过晚饭，坐在院子里乘凉，忽然一阵凉风，天气立刻凉起来，不久就来了雨。

三十一日 早晨雨不止，没有到航空公司去，看报纸机票从明天起涨价，大呼倒霉。吃过午饭，彭二大娘来看我，因为她听说我要走了。一同吃过晚饭，菊田同杨嗣塘来，我把李楚航诗集稿还给杨。他们刚走觉民来，谈了会也就走了。

九月一日 早晨又同莱甫到中央航空公司去，今天是礼拜一，根本没有班机，在失望之余，只好仍然回来。吃过午饭，听说市中要迁金牛山，延宗不能跟了去。我又写给王明伦一封<信>，必要时可以进第五临中，因为飞机票不知什么时候能买到，心绪不好，不愿意再去找王明伦了，吃过晚饭，在院子里乘凉。

1947年9月2日—1947年10月5日

北 平

1947 年

二日 早晨同莱甫到中央航空公司去，见了王主任，他说尽可能帮忙。我以为今天又走不成了，心里颇发急。希元、翼如同声吾也去了，都陪我在那里等，后来终于买好飞机票。同希元、翼如到一个小馆吃过午饭，到一个铺子里坐了会，两点上汽车，开到飞机场。遇到岳少辅、吴培申。飞机两点半开，四点一刻到<北>平，中途曾遇雨。坐汽车到中央航空公司领出行李，回到学校，到北楼吃过晚饭，到长之家去。九点回来。

三日 夜里人非常疲倦，早晨到系办公室去写了封信，出来到邮局寄了，同朱家源谈了半天。遇到 Bagchi，又同他谈了谈，吃过午饭，人非常疲倦，躺下大睡。三点多马子实来，谈到四点多走。我到中老胡同去看朱孟实先生，不在家。回来到北楼吃过晚饭，同阴法鲁到翠花胡同 Bagchi 那里去，吴晓铃也在那里，谈了半天回来。

四日 早晨到图书馆去看了看，彭先生去谈了半天闲话。到出纳组办好手续，到大陆银行领出八月份的薪水，回到图书馆研究室，十一点 Bagchi 去，同他去看郑毅生，分手。到北楼吃过午饭，回来休息了会。盛澄华来，不久老常来，他们走后,我去找 Bagchi,同他一同去看那几位印度学生。五点半回来,吃过晚饭,同阴法鲁去看汤太太,又去看邓恭三,不久张政烺也去了,九点回来。

五日 早晨到图书馆研究室,拿了钱就到前门外交通银行去汇钱,十点多回来,到北楼系办公室写给叔父一封信。吃过午饭,回来躺下睡了会,严灵来,谈到三点走。到图书馆研究室去写《浮屠与佛》,五点回来到楼上苗仲华屋去坐了会。六点到北楼吃过晚饭,同阴法鲁到市场去逛旧书摊,回来写《浮屠与佛》。

六日 早晨到研究室去写《浮屠与佛》,写给 Prof. Kern 一封信。到北楼系办公室去坐了会,看了看报。吃过午饭,回来睡了会,阎世雄来,谈到五点多走。吃过晚饭,同阴法鲁到"郭纪云"去修理钢笔,又到市场去逛了一趟。我就到梁实秋先生家去,一直谈到快十点才回来。

七日 星期日 早晨七点起来,九点到图书馆研究室去,写《浮屠与佛》,终于写完了。但脑筋已经有点受不了,渐渐昏痛起来。吃过午饭,回来睡了一觉,起来到东安市场去买了份天津《益世报》。坐车回来,看了会报,看茅盾《第一阶段的故事》。吃过晚饭,同王金钟、阴法鲁去北海玩,九点多回来。

八日 早晨八点到研究室去,把《浮屠与佛》看了一遍。写了几封信。现在人精神总是不好,头昏眼花,而且健忘,无论什么也记不住,真叫人不痛快。十一点到北楼系办公室去,同马子实谈了谈,又找朱孟实先生谈了几个问题。十二点多下去吃过午饭,回来睡了一觉。三点到图书馆研究室去,严灵同雷先生也去了。又校改《浮屠与佛》。五点回来看了会书,六点吃过晚饭,同杨翼骧到银行公会去参加国剧学会开会,名伶如王凤卿、王瑶卿等都现身说法,讲演他们的感想或经验。十二点半才回来。

九日 夜里居然睡得很好。早晨九点到北海北平图书馆去找李德启,结果白等了半天,他根本没去。同彭喇嘛谈了谈,回来到系办公室写了封信。吃过午饭,回来睡了会,又到研究室去,没能作[做]什么。四点到东斋去洗澡,吃过晚饭,到豫图家去,九点回来。一片黑暗。

十日 早晨八点到图书馆研究室去，抄《浮屠与佛》，阴法鲁去，陪他回来了趟，回去仍然抄。十一点到北楼系办公室去，李德启在那里，谈了会才走。十二点吃过午饭，回来休息了会，又回到研究室去抄。四点多坐三轮到金鱼胡同去看袁同礼，不在，又回来，抄《浮屠与佛》。六点去吃晚饭，吃完回来到庄孝德屋里闲谈了半天。

十一日 早晨到研究室去，抄《浮屠与佛》，十一点 Prof. Bagchi 去，同他到书库里去借了两本书，一同去看胡校长，我把王耀武主席的信交给他，谈了半天印度学生房子的事情，出来陪他到邮局汇了钱。到北楼吃过午饭，回来休息了会，又到研究室去抄《浮屠与佛》。三点到孑民纪念堂去开教务会议，六点还没散，我只好溜出来，吃过晚饭，又到研究室抄了会，回来又抄。

十二日 早晨八点到图书馆研究室去，抄《浮屠与佛》。十一点 Bagchi 去，同他到文书组去盖了一个印，要了一个徽章。分手到系办公室去。十二点下去吃过午饭，回来躺下睡了会，两点多又到研究室去，写了两封信，抄《浮屠与佛》。吃过晚饭，同阴法鲁、石峻到北海去玩，在揽翠轩坐到九点多回来。

十三日 夜里一夜无眠,苦极。早晨六点半起来,八点到研究所去拿了封信,到北楼找到阴法鲁,九点一同坐汽车出城去,先到燕京去看翁独健,又到清华拐了个弯,就到熙和园去。在沈从文那里坐了会,杨金甫先生同去,就到他屋里去,闲谈了半天。外面下起雨来,午饭吃到湖里的活鱼,味鲜美。吃完同阴法鲁出来逛了一周,远望湖里烟雾迷漫,一片荷花,景象美极。四点坐汽车回来,又坐洋车到"郭纪云"去修理钢笔。回来吃过晚饭,同阴法鲁、王金钟到医院去看任继愈。九点回来。

十四日 星期日 早晨七点多起来,抄《浮屠与佛》。八点半到图书馆研究室去,仍然抄。十二点到北楼吃过午饭,回来,躺到两点多才起来,把《浮屠与佛》抄完。心里又去了一件心事,大喜。看了会新杂志。六点前到北楼去,吃过晚饭,到Bagchi那里去闲谈了会,印度学生Khan去。九点回来。

十五日 半夜里忽然流起鼻涕来,极为狼狈。早晨七点多起来,八点到研究室去,写了几封信。九点出来领出钱来,到邮局汇了。又回到研究室去,钟莉芳去,谈选课问题。十一点到北楼系办公室去，今天庆容、盈宝、阎世雄、翁独健、曾今予、老常都去了。十二点下去吃过午饭，回来休息了会。三点回到研究室，Bagchi 去，同他到北平图书馆去看书。看完去看了看袁守和，回来吃过晚饭，理了理发，九点多就睡。

十六日 早晨七点起来，外面大雨。到图书馆去的时候，淋得浑身湿透。写《论伪造证件》。一直到十一点，到北楼系办公室去，终于写完了，心里虽然很高兴，头却有点受不了，只是昏痛。吃过午饭，回来躺了会。又回到图书馆，看报，到书库里去查书，写信。头愈来愈痛，回到屋里来，看到婉如的信，连忙回到图书馆，又写信，头已经昏痛有点抬不起来了。吃过晚饭，到市场去看旧书。八点回来，外面很冷，已经是秋天了。

十七日 早晨七点起来，八点到图书馆研究室去。开始写一篇关于留学政策的文章。十一点到北楼系办公室去，张光奎去找，仍然是谈入学的问题。十二点下去吃过午饭，回来休息了会，回到图书馆，看了看报。写了一封信，到邮局寄了。四点到 Bagchi 家，去开印度学生辅导委员会，去的有胡适、朱光潜、我同王岷源。六点回来，吃过晚饭，回来写《论现行的留学政策》。

十八日 早晨八点到研究室去,写了封信。九点到文科研究所,同戴文魁谈了谈,到 Bagchi 屋里去坐了会。回来就到北楼系办公室去,看学生选课,抽空写给王耀武一封信,好久没写中国字[1],极别扭。吃过午饭,到骑河楼上汽车到清华去。先到图书馆去看毕树棠,又去<看>李广田。四点去看陈寅恪先生,把《浮屠与佛》念给他听了一遍。吃过晚饭,回来已经八点多。同李荣讨论《浮屠与佛》的问题。

十九日 早晨八点到图书馆研究室去,写《论现行的留学政策》,九点多到北楼系办公室去,十点周祖谟先生去,我又同他讨论《浮屠与佛》的问题。十一点回到研究室看了看。十二点吃过午饭,回来躺了躺,到图书馆去看报。四点想去洗澡,但没有水。到北楼去看回教学生考试。回到研究室,长之同严灵去。六点去吃晚饭,鼻涕忽然大流不止,嗓子很痛,非常狼狈。到图书馆去休息了会,回来,仍然大流不止。

二十日 早晨七点起来,补写《浮屠与佛》,九点前到图书馆

---

1 指用毛笔写字。

研究所去，接着写。十点到北楼系办公室去，抄写好的稿子。看学生选课，十二点多吃过午饭，回来睡了会，又回到研究室去，抄《浮屠与佛》。四点到东斋去洗澡，洗完回来看向达《中西交通史》、姚雪垠《金千里》，六点到北楼去吃过晚饭，回来到操场里去看他们照电影。

二十一日 早晨七点起来，虽然是星期日，但仍然睡不着。八点多到研究室去写信，写《论现行的留学政策》。十二点多到北楼吃过午饭，回来睡了会。三点到市场去买了份报，坐洋车到府学胡同去看周祖谟，谈"佛"字的问题。五点回来，看一位先生的突厥学纲要，是请求审查教授的，极为荒谬。吃过晚饭，到景山外面御河旁边去散步，回来写《论现行的留学政策》。

二十二日 夜里下雨，早晨仍不停。八点到研究室去，九点多到北楼去上课，十点半到校长办公室，同邓恭三谈办《文史周刊》事。到郑毅生先生处，请他担保借钱。到金城银行把钱借出来，又回到系办公室。十二点多吃过午饭，到Bagchi处谈了谈，回来躺了会，周燕荪来。两点到研究室去，重写《浮屠与佛》里面的一段。把钱也寄走了，雨始终没停。六点吃过晚饭，把添的那一段抄完。

二十三日 早晨八点到图书馆研究室去，Bagchi 去，立刻就走了。到教务组去交涉汽车。到北楼系办公室去写了封信，出来送了，回去写《论现行的留学政策》。十二点下去吃过午饭，回来，到图书馆去看报，把《论留学政策》写完。三点到孑民纪念堂去开教授会，一直到七点多才完，人非常累。回来陈克敏来，已经快二十年没见了，星子来。他们走后，到对面小馆吃了点东西，回来看了点书。

二十四日 早晨八点到研究室去，立刻回来。八点半坐汽车先到新平路找到严灵，同她一同到清华去。从燕京经过的时候，到翁独健家去送了聘书。到了清华，同陈先生谈了谈我的论文，就同他和他太太上汽车，到城内中山公园去，走了一圈，把他们送到西四，我才回来。把书搬到研究室去，出去吃过午饭，回来休息了会，到北楼系办公室去看了看。四点到文科研究所去开会。到的人有胡适、朱光潜、唐兰[1]、郑天挺和我，六点开完，回来吃过晚饭。到阴法鲁屋去坐了会，回来看《汉魏两晋南北朝佛教史》。

---

[1] 唐兰（1901—1979），浙江嘉兴人。著名文字学家、历史学家、青铜器专家。曾任西南联合大学中文系副教授、教授，同时任西南联大中的北京大学文科研究所导师。时任北大教授，代理中文系主任。

二十五日 早晨七点起来，到图书馆研究室去，看《汉魏两晋南北朝佛教史》，《浮屠与佛》里我忽然发现了不妥当的地方，应该改作。十点上梵文，十二点下课，吃过午饭，回来躺下睡了会。三点到北楼去看了看，到研究所去改作《浮屠与佛》。六点吃过晚饭，到图书馆看了看，回来，人又伤了风，九点就躺下。

二十六日 早晨六点多起来，八点到图书馆去，看《后汉书·西域传》、《魏书·释老志》。九点多到北楼去，十点上课，十一点下课。十二点李德启去，同他一同去看胡先生和郑毅生。十二点半到外面小馆吃过午饭，到图书馆去看关于"浮屠与佛"的书。两点多到北楼去，三点翁独健去，四点同Bagchi到他家去坐了会，一同坐三轮到北京饭店法文图书馆，六点回来吃过晚饭，回来看《胡适论学近著》。

二十七日 夜里下雨，早晨还没停。六点起来，研究关于"浮屠与佛"的材料。八点到研究室去，写了封信，十点到北楼去，把残卷拿给唐兰先生看，他判断是假的。十二点吃过午饭，回来睡了会。两点多到图书馆去，四点回来到楼下去领面，五点到东斋去洗澡，六点到马子实家去，他请我们吃晚饭，同座的还有向达、马松亭、王森，八点回来。

二十八日　星期日

早晨六点多起来，八点到图书馆去看了看，八点半到Bagchi家去，九点到东厂胡同一号同印度学生坐汽车到颐和园去。我们先到山顶去逛了一趟，已经过了十二点，到一个亭子里坐下，自己烧火煮饭，吃完两点半，去逛排云殿、佛香阁，从铜亭绕下来，从长廊回到我们吃午饭的亭子，喝了茶。四点半上车回来。吃过晚饭，同阴法鲁到邓恭三家去，出来又到市场买了点月饼。

二十九日

早晨七点起来，八点到研究室去写了封信，九点到邮局寄钱给家里。寄完到北楼办公室去，十点上课，十一点下课，领石峻到办公室去看书，十二点下去吃过午饭。回来休息了会，到图书馆去看书，到邮局取钱。五点前回来，外面大风，今天是旧历中秋。六点到梁实秋先生家去，他请我吃晚饭，另外还有长之，饭很好，有螃蟹、羊肉。十二点回来。

三十日

早晨八点到研究室去，写了几封信，十点同Bagchi到辅仁大学去看 Rahmann[1]，不在家。仍然回来，到北楼系办公室去。梁先生去，谈了会才走。我到总办公处去，同胡校长谈请梅校长参加印度学生辅导委员会的事情。吃过午饭，回来，起了一篇信稿。到图书馆去写给 Prof.Waldschmidt 一封信，Vintakaramanam 去，讨论梵文的拼音。严灵去，我请她到北楼去吃晚饭，吃完七点半同马坚、王森到长安戏院去，今天荀慧生演红娘。我前没想到他这样大年纪还演得这样好。十二点回来。

十月一日 早晨七点起来，八点到研究室去，九点到北楼去上课，十点下课，看 *Sanskrit Reader*[2]，十一点半到校长办公室去送信给胡先生。吃过午饭，回来看了看，到图书馆写《从比较文学的观点上看寓言和童话》，Bagchi 去，领他到办公处去了趟，又回去写。周一良去谈了谈，吃过晚饭，回来，看周一良的《能仁与仁祠》。

二日 早晨八点到研究室去。九点到北楼系办公室去，看 *Sanskrit Reader*。十点上课，十二点下课，吃过午饭，回来看了看，到研究室去，翻译《伊索寓言》，三点去开教务会议。

---

1 Rahmann：雷冕（Rudolf Rahmann，1902—1985），当时的辅仁大学校务长。
2 Sanskrit Reader：《梵文读本》。

1947年

六点到北楼吃过晚饭，回来翻译Pāli文 *gātaka*。

三日 早晨五点起来，译 *Sihacamma gātaka*[1]。再躺下，终于没睡着。七点起来，八点到研究室去，抄《从比较文学的观点上看寓言和童话》。十点到北楼去上课，十一点下课，同马子实去见郑华炽。吃过午饭，回来，李荣、石峻来。同李荣到研究室去。三点到北楼去，翁独健去上课。把《从比较文学的观点上看寓言和童话》写完。四点同Bagchi谈了谈，到图书馆把驴蒙狮皮的故事译完，又译La fontaine[2]的寓言。吃过晚饭，到文学院办公室同少鲁、星子谈了谈，回来到庄孝德屋里去同Ham Frankel谈到十一点。

四日 早晨六点起来，写《关于仁祠》。八点到研究室去，抄《关于仁祠》。十点到系办公室去，立刻就有学生去改选。十一点同Bagchi去看胡先生，十一点半多仓皇回到北楼，不久又同Bagchi去看郑毅生。吃过午饭，回来看了看，回到研究室，翻译 *Pañcatantra*。四点多看赛球的，到东斋去洗澡。吃过晚饭，到阴法鲁屋去坐了会，回来在外面操场里看学生

---
1 *Sihacamma gātaka*：巴利文，《披着狮皮的驴》的本生故事。
2 La fontaine：让·德·拉·封丹（Jean de la Fontaine, 1621—1695），法国古典文学的代表作家之一，著名的寓言诗人。

举行庆祝会。张政烺到我这里来闲谈。

五日 星期日 早晨六点起来，写《浮屠与佛》。我现在觉得早晨工作很好，很静，脑筋也清楚。八点到研究室去，抄《柳宗元〈黔之驴〉取材来源考》。十点前回来了趟，又回去抄。十二点到北楼去吃饭，吃完回来躺了会，两点多起来，到市场去逛了逛。回来抄《柳宗元〈黔之驴〉取材来源考》。六点前到阴法鲁＜处＞去谈了谈，吃过晚饭，回来有几个学生来找。不久Paranjke同Tegore来，Fränkel来，任诚来。Fränkel一直谈到九点多才走。

图书在版编目（CIP）数据

此心安处是吾乡：季羡林归国日记1946—1947／季羡林著. -- 重庆：重庆出版社, 2015.4

ISBN 978-7-229-09487-4

Ⅰ.①此… Ⅱ.①季… Ⅲ.①季羡林（1911～2009）—日记 Ⅳ.①K825.4

中国版本图书馆CIP数据核字（2015）第037948号

此心安处是吾乡：季羡林归国日记1946—1947
CIXIN ANCHU SHI WUXIANG：JIXIANLIN GUIGUORIJI 1946—1947

季羡林　著

出 版 人：罗小卫
策　　划：华章同人
出版监制：陈建军
责任编辑：徐宪江
特约编辑：穆　爽
营销编辑：王丽红
责任印制：杨　宁
封面设计：孙　磊

重庆出版集团
重庆出版社　出版
（重庆市南岸区南滨路162号1幢）

投稿邮箱：bjhztr@vip.163.com

三河市宏达印刷有限公司　印刷
重庆出版集团图书发行有限公司　发行
邮购电话：010-85869375/76/77转810

重庆出版社天猫旗舰店
eqcbs.tmall.com

全国新华书店经销

开本：880mm×1230mm　1/32　印张：9.25　字数：150千
2015年6月第1版　2015年6月第1次印刷
定价：39.80元

如有印装质量问题，请致电023-61520678

版权所有，侵权必究